MERIAN *live!*

Lissabon

Harald Klöcker

GU GRÄFE UND UNZER

Der Rossio gehört zu den beliebtesten Plätzen der Stadt

Inhalt

Die Siebenhügelstadt am Tejo offenbart ihre Reize nicht auf den ersten Blick. Wer sich aber Zeit nimmt, wird ihrem mediterranen Charme schnell erliegen.

Es sollte sich später ganz anders fügen, aber die erste Begegnung war eine Enttäuschung. Lag es am Hochsommer, an mir? In den Reisebüchern hatte ich von einer Stadt gelesen, die mehr als jede andere Hauptstadt Europas dem Atlantik zugewandt sei, die backbords an sieben Hügeln emporkriecht. Der umwerfende Eindruck der ersten Begegnung mit Lissabon wurde gepriesen. »Immer, wenn man eine Weltgegend zum ersten Mal betritt, gibt sie ihr Bestes.« Dieser Satz hatte mir imponiert. Wie eine Verheißung trug ich ihn im Sinn, bereit, mich inspirieren zu lassen. Ich wollte mich einlassen auf den Charme der »Siebenhügelstadt am Tejo«. Sympathie sollte sich einstellen – statt dessen wurde es ein Schiffbruch der Illusionen.

Zwei Tage lang verfluchte ich diese Stadt: sengende Hitze, Lärm allerorten, Baustellen, Preßlufthämmer; Straßen wurden aufgerissen, Häuser abgebrochen, Kopfsteinpflaster zuasphaltiert; von früh bis spät ein infernalisches Getöse. Als Fußgänger war ich Freiwild im Verkehrs-

Wuchtige Architektur: Hier tagt das portugiesische Parlament

chaos. Die Autos rasten über Straßen und Plätze, hupten schrill und cholerisch, es stank nach Abgasen. Am Ende lag ich entnervt im Hotelzimmer, von der Hitze, vom Lärm geschafft. Dieses Lissabon gefiel mir nicht.

Am dritten Tag raffte ich mich auf und ging gezielt zu den einzelnen Stätten, die mich interessierten: vormittags zum Miradouro São Pedro de Alcântara und in die Casa do Alentejo; am späten Nachmittag hinauf zum Castelo de São Jorge und danach durch die Gassen des Stadtviertels Alfama; abends in die Cervejaria da Trindade. Am nächsten Tag: Museu Nacional de Arte Antiga, Elevador da Bica, Solar do Vinho do Porto, Miradouro de Santa Luzia, Praça do Comercio, Cais das Colunas, Abendspaziergang durch das Bairro Alto. Allmählich stellte sich Behagen ein. Im großen, lärmenden Ensemble Lissabon erschloß ich mir nach und nach eine Reihe inspirierender Oasen. So konnte man diese Stadt genießen.

Zufluchtsstätten im Getose

Mein Lissabon. Dazu gehört zunächst das Vergnügen, im Morgen- oder Abendlicht einen der **Miradouro** genannten Aussichtsplätze aufzusuchen und von dort die weite Sicht auf die Unterstadt und den Tejo in der Ferne auszukosten: den Miradouro de Santa Luzia mit dem Blick auf die Alfama und die Docks, den Miradouro São Pedro de Alcântara, zu dem man am

Maroni-Röster in der Unterstadt

vergnüglichsten mit dem Elevador (Kabelbahn) da Glória hinauffährt, oder die Aussichtsplattform auf dem Castelo de São Jorge, wo man wie auf einem Balkon über der Stadt steht und abends zuschauen kann, wie sich die Farben des Tejo verändern und der Feuerball der Sonne versinkt. Meine Lieblingswarte ist der kleine Miradouro da Nossa Senhora do Monte im Stadtteil Graça. Selten kommen Besuchergruppen hierher. Ein stiller, lauschiger Platz, gesäumt von Olivenbäumen, Kiefern und Zypressen, nahebei eine winzige Kapelle aus dem 13. Jahrhundert. Erhoben über Getöse und Gedränge steht man hier an der Brüstung, läßt den Blick schweifen, besinnt sich und träumt. Links die ganze Pracht des Castelo, dort die Unterstadt mit dem Elevador de Santa Justa, der belebte Rossio, Licht und Schatten in den engen Gassen, der Tejo und das jenseitige Ufer, die Schiffe und die Möwen. Welch eine Szenerie!

In die Kollektion der Lieblingsplätze mag ich die Praça do Comércio nicht einschließen. Das weite Geviert, das sich zum Tejo hin öffnet, hieß einst Terreiro do Paço und galt im Zeitalter des portugiesischen Weltreiches als der Empfangssalon, der den Fremden, der sich von See her näherte, mit Pomp und Herrlichkeit begrüßte.

Heute dient die historische Stätte als Verkehrsknotenpunkt und Parkplatz. Aber nahebei, direkt am Tejo-Ufer, bei den Cais das Colunas, wo zwei Säulen aus dem Wasser ragen und eine Treppe hinabführt, habe ich immer gerne auf den Stufen gesessen und auf den Fluß hinausgeschaut.

Werktags zur Rush-hour, zwischen sieben und neun Uhr, kommen hier am nahen Estaçao Fluvial die Fährboote in dichter Folge an. Auf dem Fluß herrscht dann Hochbetrieb (fast ein Bild wie in Hongkong). Tausende von berufstätigen Männern und Frauen befördern die Boote vom jenseitigen Ufer herüber. Menschenmassen drängen dann vom Flußbahnhof zu den Straßenbahn- und Bushaltestellen, in die Straßen und Gassen der Innenstadt, via Rossio und Praça da Figueira. Für den Betrachter, der abseits stehen darf, ist das ein Schauspiel.

Treppauf, treppab – Unterstadt, Oberstadt

Zum erlebenswerten Inventar dieser Stadt zählen unbedingt die **Elevadores**. Drei von ihnen sind Kabelbahnen, der vierte, der Elevador de Santa Justa, ein kunstvoll verzierter, freistehender Aufzug aus Stahl, der einen Höhenunterschied von 32 Metern bewältigt. In dem hügeligen Terrain der Stadtlandschaft von Lissabon erweisen sich die Elevadores als ebenso originelle wie angemessene Verkehrsmittel, um von der Unter- in die Oberstadt (oder umgekehrt) zu gelangen. Keine andere Hauptstadt Europas verfügt über solche Kabelbahnen. Da liegt es nahe, daß man etwa zum Portweininstitut, wo man rund 200 Portweinmarken glasweise probieren kann, mit dem Elevador da Glória hinauffährt. Durchaus amüsant ist auch eine Fahrt mit dem 1892 eingeweihten Elevador da Bica. Oft habe ich oben an der Calçada do Combro/Rua do Loreto gestanden und zugeschaut, wie der vollbesetzte Fahrgastwagen der Kabelbahn gemächlich den Hang emporgezogen wurde. Im Hintergrund blinkte der Tejo im Sonnenlicht.

Als Fußgänger begreift man bald: Lissabon ist auch eine **Stadt der Treppen**. Ob in der Alfama, im Bairro Alto oder im Stadtteil Graça, vielerorts muß man aufsteigen und schließlich durch Gassen, über Steinstufen oder Kopfsteinpflaster wieder absteigen. Unterstadt – Oberstadt, hangaufwärts – hangabwärts, trepp-

Steile, enge Gassen wie die Rua do Meio prägen das Bild der Altstadt

auf – treppab. Das strapaziert die Fußgelenke, abends im Hotelzimmer spürt man das. Aber so ist sie nun einmal, die »Siebenhügelstadt am Tejo«. Und übrigens: Wer nicht länger zu Fuß gehen will und sich eine Abwechslung gönnen möchte, sollte zumindest eine Wegstrecke mit einer der alten **Straßenbahnen** fahren. Klapprig sind die meisten, sie ächzen, rumpeln und bimmeln durch die engen Gassen, zittern und scheppern in den Kurven, mühen sich die Hänge hinauf. Die schwierigste und kühnste Route hat die Linie Nr. 28 zwischen der Unterstadt und dem Largo da Graça zu bewältigen: Haarnadelkurven, Meter um Meter den Steilhang hinauf, Passagen durch Häuserschluchten, wo rechts und links zwischen Straßenbahn und Hausfassaden kaum mehr ein Meter Abstand bleibt. Eine abenteuerliche Fahrt, die längst zur Touristenattraktion avanciert ist.

Alltag in der Metropole

Und die **Lisboetas**, die Einwohner von Lissabon? Über zwei Millionen Menschen leben im Großraum Lissabon. Ein gewichtiges Bündel von Problemen und Strukturkrisen lastet auf der Metropole: Verkehrschaos, Lärm, Streß, Wohnungsnot, extremer Anstieg der Mieten und Grundstückspreise, rapider Verfall der Altbausubstanz. Ein Ansturm geballter Modernisierung hat Lissabon erfaßt. Die Kanalisation wird erneuert und das Telefonnetz. Ganze Häuserblocks werden saniert, neue Verkehrswege erschlossen oder alte ausgebessert. Anschluß an Europa, an den Lebensstandard und die Kon-

LESETIP

Zur Einstimmung empfehlen wir das 1994 im Carl Hanser Verlag erschienene Buch **Lissabonner Requiem** von Antonio Tabucchi. Darin formuliert der Schriftsteller, einer der größten Bewunderer dieser Stadt, seine persönliche Liebeserklärung an Lissabon, seine Cafés, seine Museen, seine Restaurants, Friedhöfe und Menschen. Zwölf Stunden lang treibt sich der Erzähler dieses Romans an einem glühendheißen Sommersonntag in Lissabon herum. Seltsame Dinge widerfahren ihm. Er erlebt das heutige Lissabon und erinnert sich an das Lissabon von einst. Traum, Realität und Fiktion fließen ineinander.

sumerrungenschaften der reicheren Nachbarländer lautet das Leitmotiv dieser Epoche. Unter diesen Umständen des Sturm und Drang ist das Leben im Ballungsraum der Metropole für viele Lisboetas hektischer, härter, beschwerlicher geworden; die sozialen Sorgen und wirtschaftlichen Zukunftsängste sind gewachsen.

Sonntag in den Grünanlagen

Aber nach alter Gewohnheit beschert der Sonntag allen Bedrückungen des Alltags eine willkommene Ruhepause. Familien mit Kindern, Freunden und Verwandten begeben sich sonntags hinauf zum Castelo de São Jorge, um sich in den schattigen Grünanlagen beim Picknick oder beim Lustwandeln zu erholen. Rentnerkränzchen spielen Schach oder Karten. Kinder tollen umher. Die Väter dösen im Gras oder trinken Bier auf der Terrasse des Burgrestaurants. Gleiches kann man im weitläufigen Parque Eduardo VII. oder am See vor den Gewächshäusern der Estufa Fria erleben. Zeigt sich das Wetter nicht von der sonnigen Seite, weichen viele Lisboetas in die geräumigen Bierhallen, in die Cervejaria da Trindade oder in die Cervejaria Portugalia, aus, um bei Meeresfrüchten und Weißwein oder bei kräftigen Fleischgerichten und Rotwein den Sonntag zu genießen. Kommt an einem Sommersonntag richtiges Badewetter auf, quälen sich ungezählte Autos – nicht selten im Schritttempo oder noch langsamer – über die Tejo-Brücke, um die Strände und Vergnügungsstätten an der Costa da Caparica zu erreichen.

Stilvoller Müßiggang vor den Azulejos am Miradouro de Santa Luzia

Kacheln, Kunst und Kuriositäten

Eine Verblüffung wird die Museumslandschaft manchem Besucher bescheren; erstaunlich viele Themen – darunter ausgefallene und kuriose – sind hier repräsentiert. Der Fußgänger in Lissabon bemerkt eine auffallend große Zahl von Hausfassaden, die mit mehr oder weniger bunt bemalten Kacheln (**Azulejos**) verschönert sind. Viele dieser Kachelfassaden, ehemals gewiß prächtig und pompös, sind heute schmutzig oder beschädigt, von Ruß und Abgasen geschunden. Einige hat man aufwendig restauriert. Die ganze Pracht der traditionell in Lissabon hochentwickelten Kachelkunst kann der Besucher im Museu Nacional do Azulejo bestaunen: ein einzigartiges Highlight in der Museumslandschaft. Dafür sollte man sich etwas Zeit nehmen. Sehr beeindruckend ist zum Beispiel das große Kachelwandbild, das Lissabon vor dem verheerenden Erdbeben von 1755 zeigt.

Auch die Kunst, alte wie moderne, ist in der portugiesischen Metropole üppig vertreten. Andere Sammlungen widmen sich dem Marionettentheater, der Wasserversorgung, der Militärgeschichte, dem Heiligen Antonius, der Archäologie, der Feuerwehr, der Völkerkunde der einstigen Kolonialgebiete, und dem Theater, den Trachten. Draußen im Stadtteil **Belém** erläutern diverse Museen die Geschichte der Seefahrt, die portugiesische Volkskunde, die Archäologie und die Historie der Kutschen, der Sänften und Kaleschen. Überhaupt gehört eine Fahrt hinaus ins westlich am Tejo gelegene Viertel Belém zu den herausragenden Eindrücken eines Lissabon-Besuchs.

Die Geschichte eines Weltreichs

Belém ist anders als die Innenstadt Lissabons: weitläufiger, mit mehr Raum auf flachem Gelände gesegnet. Der bis 1885 eigenständige Ort blieb vom verheerenden Erdbeben im Jahre 1755 weitgehend verschont, daher haben bedeutende Baudenkmäler der portugiesischen Geschichte überdauert. In Belém – der Name geht auf Bethlehem zurück – lebt die Historie des portugiesischen Weltreichs auf, da wird man erinnert an die Entdeckungsreisen der berühmten Seefahrer und an die architektonischen Vorlieben der portugiesischen Könige. Sowohl das monumentale Klostergebäude **Mosteiro dos Jerónimos** als auch der vielbesuchte Turm von Belém wurden einst im Auftrag von König Manuel dem Glücklichen geschaffen, in dessen Regierungszeit die Entdekkung des Seewegs nach Indien durch Vasco da Gama fiel. Prunkstück des manuelinischen Baustils, der in dieser Epoche als tonangebend galt, ist das besagte Kloster, vor allem der mit vielen stilisierten Pflanzen verschönerte zweistöckige Innenhof. Immer wieder entdeckt man hier die beherrschenden Symbole der manuelinischen Ornamentik: das Christuskreuz, das Königswappen, Löwen (das Wappentier des Heiligen Hieronymus) und detailreich ausgebildete Blumen und Pflanzen aus Übersee.

Zahllose Originalobjekte verdeutlichen im Marinemuseum die Geschichte der portugiesischen Seefahrt. Gewappnet mit den hier gewonnenen Erkenntnissen empfiehlt es sich, zum **Padrão dos Descobrimentos**, dem Denkmal der Entdeckungen, hinüberzugehen. Das monströse, 54 Meter hohe Monument, während der Salazar-Diktatur errichtet, zeigt Heinrich den Seefahrer mit seinen Getreuen. Ein überdimensionales Schwert markiert die Eingangsfront des Monuments.

In Stein gemeißelt wird hier die Epoche der Entdeckungen als Großtat der Genialen und Mächtigen verherrlicht. Eine schmuckvoll gearbeitete Windrose von 50 Metern Durchmesser ist in den Boden vor dem Denkmal eingelassen; auch hier künden die verzeichneten Eroberungs- und Entdeckungsrouten von der großen Zeit, als das Weltreich Portugal noch Bestand hatte. Das ist lange her. Viel hat sich seither verändert.

Am Ende steht man oben auf der Aussichtsplattform des Denkmals, spürt die frische, belebende Brise, die vom Tejo herüberwirbelt, überschaut ganz Belém mit seinen Grünanlagen, Museen und Monumenten, freut sich über den begnadeten Ort und hält inne, um, inspiriert von der Ruhe und den weiten Blicken, die Eindrücke zu sortieren und über die Begegnung mit Lissabon nachzudenken.

Die Tejo-Fähren sind alltägliches Verkehrsmittel für viele Lisboetas

Abendstimmung über Lissabon:
nur wenige Weltstädte
bieten solch ein Panorama

Das bequemste und schnellste Verkehrsmittel, um nach Lissabon zu gelangen, ist natürlich das Flugzeug. Es empfiehlt sich insbesondere bei Kurzaufenthalten.

Mit dem Flugzeug

Lissabon liegt etwa 1960 Kilometer Luftlinie von Frankfurt entfernt. Direkte Linienflüge nach Lissabon (Flugzeit ab Frankfurt etwa drei Stunden) bieten die staatliche portugiesische Fluggesellschaft **TAP** und die **Lufthansa** ab Frankfurt, Berlin, Hamburg, Stuttgart, Düsseldorf und München an. Charterflüge mit und ohne touristische Arrangements in Lissabon kann man auch bei dem Kölner Portugal-Spezialisten **OLIMAR-Flugreisen** buchen. Wochenend-Reisen nach Lissabon bietet auch Ibero International in Düsseldorf an. Besonders günstig sind die einschlägigen Flieg & Spar- beziehungsweise Super Flieg & Spar-Tarife. Von Köln aus fliegt auch die portugiesische Fluggesellschaft **Portugalia** nach Lissabon. Abflug derzeit fünfmal pro Woche.

Aus der Schweiz fliegen die **Swissair** und die **TAP** ab Zürich, Genf und Basel (nur TAP) nach Lissabon. Aus Österreich (Wien) fliegen die **TAP** und **Austrian Airlines** nach Lissabon. Ab Amster-

Manuelinisch verspielt: Eingang zum Bahnhof Rossio

dam fliegen zu günstigen Tarifen die **KLM** und die **TAP**, ab Brüssel die **Sabena**. Über die aktuellen Sonderangebote und Flugreisen informieren die Reisebüros und Portugal-Spezialveranstalter.

Der Flughafen **Portela de Sacavém** liegt etwa zwölf Kilometer außerhalb des Zentrums im Norden Lissabons. Vom Flughafen verkehren Aero-Stadtbusse (Einzelfahrt 420 Esc.) in die Innenstadt bis zum Rossio, zur Praça do Comércio oder bis zum internationalen Bahnhof Santa Apolónia.

OLIMAR-Flugreisen
Unter Goldschmied 6
50667 Köln
Tel.02 21/2 05 90 10,-12,-14,-32
Portugalia
Flughafen Köln/Bonn
Tel. 0 22 03/40 24 30
Ibero International
Berliner Allee 22
40212 Düsseldorf
Tel. 02 11/8 64 15-0

Mit dem Auto

Die Anreise nach Lissabon mit dem Auto ist beschwerlich und langwierig. Nicht weniger als drei Tage Zeit sind dafür einzuplanen. Die Entfernung Hamburg Lissabon beträgt rund 2 800 Straßenkilometer. Für die Anreise von West- und Norddeutschland empfiehlt sich die Route über Paris, Bordeaux, Hendaye/Irun (französisch-spanischer Grenzübergang), und Coimbra. Von Süddeutschland und der Schweiz empfiehlt sich die Route über Lyon, Nîmes, Perpignan, Le Perthus/La Junquera (französisch-spanischer Grenzübergang), Barcelona, Madrid, Caia/Elvas (spanisch-portugiesischer Grenzübergang) und Setúbal. Die Grenzübergänge sind rund um die Uhr geöffnet.

Die Benzinkosten und Autobahngebühren in Frankreich und Spanien sind erheblich. Ab Paris gibt es einen Autoreisezug bis Lissabon. Auskünfte erteilen die DER-Reisebüros.

Mit der Bahn

Die Zugfahrt von beispielsweise Köln nach Lissabon (über Paris, wo man umsteigen muß) dauert mindestens 34 Stunden. Die Züge aus Mitteleuropa kommen am Lissabonner internationalen **Bahnhof Santa Apolónia** an. Die gesamte Zugfahrt kostet gewöhnlich etwa soviel wie ein günstiger Charterflug.

Mit dem Bus

Am beschwerlichsten ist gewiß eine Busreise nach Lissabon. Sie dauert ab Köln mindestens 33 Stunden. Die Preise sind etwas günstiger als bei einer Fahrt mit dem Zug. Die einfache Fahrt kostet derzeit 248 DM, die Hin- und Rückfahrt 446 DM. Die Abfahrt ab Köln findet derzeit dienstags und freitags statt. Auskünfte bei der **Deutschen Touring GmbH** in Köln.

Deutsche Touring GmbH
Breslauer Platz
50668 Köln
Tel. 02 21/13 52 52, 13 65 67

Das meist chaotische Verkehrsgetöse strapaziert die Nerven erheblich. Wohl dem, der nicht mit dem eigenen oder geliehenen Auto unterwegs sein muß.

Überlegen Sie es sich wirklich gründlich, ob Sie in Lissabon Auto fahren wollen. Die Benutzung der öffentlichen Verkehrsmittel bringt Sie gewiß erholter ans Ziel. Für Eilige bleibt immer noch das Taxi. Überdies ist es relativ billig; für den Transport von Gepäck oder Nachtfahrten werden, wie andernorts auch, Zuschläge berechnet.

Metro und Bus

Das schnellste Verkehrsmittel in Lissabon ist zweifellos die **Metro**. Sie umfaßt derzeit aber nur 24 Stationen und ist von 6.30 bis 1 Uhr in Betrieb. Es gilt ein Einheitstarif von 70 Esc. Die Metrostationen sind durch ein rotes M gekennzeichnet (Verkehrslinienplan → hintere Umschlagklappe, innen).

Hauptverkehrsmittel sind allerdings die orangefarbenen **Busse** der Transportgesellschaft Carris. Die je nach Streckenabschnitt unterschiedlich teuren Fahrkarten erhält man beim Busfahrer oder bei den Carris-Verkaufsstationen.

Typisch für Lissabon sind die »Elevadores« genannten Kabelbahnen

Straßenbahn

Eine Attraktion für Touristen sind Fahrten mit den Linien der Lissabonner Straßenbahn. Diese **Eléctricos**, viele von ihnen schon altersschwach, kommen zwar oft nur langsam voran, aber die Fahrt mit ihnen durch enge Gassen und über hügelige Streckenabschnitte hat einen großen Reiz. Besonders abenteuerlich und amüsant ist die Fahrt mit der Linie 28, vor allem auf der Strecke zwischen der Basílica da Estrêla und dem Stadtteil Graça.

Kabelbahnen und Aufzug

Ein originelles und bei Touristen sehr beliebtes Verkehrsmittel sind auch die **Elevadores**, mit denen man aus der Unterstadt in die Oberstadt (Bairro Alto) und umgekehrt gelangen kann. Es gibt einen Aufzug, den Elevador de Santa Justa, auch Elevador do Carmo genannt; außerdem drei Kabelbahnen: den Elevador da Bica, den Elevador da Glória und den Elevador da Lavra (→ Sehenswertes).

Tages- und Mehrtageskarten

Ein guter Rat: Kaufen Sie sich eine Tages- (420 Esc.), Drei-Tages- oder Sieben-Tages-Karte; sie gilt für Eléctricos, Busse und die Elevadores (nicht für die Metro, nicht für die Tejo-Fähren und nicht für Busse, die nicht der Gesellschaft Carris angehören). Diese Tageskarten und Touristen-Pässe (**passes turísticos**) sind

Am Rossio warten die Taxis in Zweierreihen

praktisch und billig. Es gibt sie bei den Carris-Verkaufsstellen auf der Praça da Figueira, am Parque Eduardo VII oder unterhalb des Aufzugs Elevador de Santa Justa.

Taxi

Die Taxis in Portugal sind gewöhnlich schwarz und haben ein grünes Dach. Während der Fahrt im Stadtbereich zeigt ein Taxameter die zu zahlenden Gebühren an. Für Nachtfahrten oder die Beförderung von Gepäck werden Aufschläge berechnet. Im Zentrum von Lissabon kann man gewöhnlich Taxis direkt auf der Straße anhalten. Selbstverständlich bestellt auch jedes Hotel dem Gast ein Taxi.

Stilvolle, alte Hotels in ruhiger Lage muß man in Lissabon suchen. Es dominieren die modernen Komplexe der internationalen Hotelunternehmen.

Das zentrale Turismo-Büro im Palácio Foz, Praça dos Restauradores (nahe Rossio), berät Sie gern bei der Wahl der Unterkunft in Lissabon und nimmt auch die Buchung vor. Der Service ist kostenlos (Öffnungszeiten des Büros: tgl. 9–20 Uhr). Es empfiehlt sich unbedingt, diesen Service in Anspruch zu nehmen. Die Mitarbeiter des zentralen Turismo-Büros sprechen zudem auch Deutsch, Englisch und Französisch.

Für die Sommermonate empfiehlt es sich allerdings, die Unterkunft im voraus zu reservieren. Vor allem die preiswerten, mittleren und kleineren Hotels oder Pensionen sind dann in der Regel ausgebucht, zumal es nur wenige mittlere Familienhotels in zentraler Lage gibt.

Die zur Straßenseite hin liegenden Zimmer in den meisten älteren Hotels im Stadtzentrum bescheren dem Gast erheblichen Verkehrslärm. Wählen Sie eher ein Zimmer, das nicht zur Straßenseite liegt.

An der Praça da Figueira und nahe dem Rossio liegen zahlreiche preiswerte Pensionen (im Sommer ausgebucht). Die Ausstattung der Zimmer ist jedoch meist sehr bescheiden.

Wenn Sie wegen der Lärmbelästigung durch Verkehr und Baustellen nicht unbedingt im Stadtzentrum übernachten wollen, sollten Sie sich eine Unterkunft in einem der ruhigeren Vororte (etwa Belém oder Lapa) wählen. Die großen, modernen Hotels bieten allerdings in der Regel genügend Schutz gegen störenden Bau- und Verkehrslärm. Sehr angenehm sind im Sommer auch Zimmer, die über eine Klimaanlage verfügen.

Generell sind die Hotels nach ihrer Ausstattung in fünf Kategorien eingeteilt: fünf Sterne für ein Luxushotel, ein Stern für niedere Ansprüche. Zudem gibt es Pensionen (in vier Kategorien unterteilt), Residencial-Pensionen (nur Frühstück) und Albergarias (entspricht einer Pension der höchsten Kategorie). Die Zimmerpreise schließen in der Regel das Frühstück ein und variieren stark je nach Saison.

Preisklassen

Die Preise gelten für eine Übernachtung im Doppelzimmer für zwei Personen.
Luxusklasse: ab 25 000 Esc.
Obere Preisklasse: ab 20 000 Esc.
Mittlere Preisklasse: ab 10 000 Esc.
Untere Preisklasse: ab 5 000 Esc.

Futuristischer Glaspalast: Luxushotel Meridien

Hotels und Pensionen

Albergaria Metro Avenida ■ C 2/D 3
Modernes, komfortables Haus. Geschmackvolle Einrichtung der Zimmer mit Klimaanlage, Farbfernseher, Telefon etc. Bar, schöner Frühstücksraum.
Avenida da Liberdade 140–142
Metro: Avenida
Tel. 3 47 22 55
320 Zimmer
Untere bis mittlere Preisklasse

Avenida Palace ■ D 4
Fünf-Sterne-Hotel mitten im Zentrum, direkt am Rossio. Das 1892 erbaute Traditionshotel verfügt über noble Salons und ein pompöses Foyer. Hier fühlen sich die Gäste wohl, die eine hochherrschaftliche – wenn auch schon verblichene – Einrichtung aus vergangenen Zeiten zu schätzen wissen und dafür gern Geld ausgeben. Die zur Straße hin gelegenen Zimmer sind ziemlich laut.
Rua Primero de Dezembro 123
Metro: Restauradores
Tel: 3 46 01 51
92 Zimmer
Luxusklasse

Avenida Parque
Vier-Sterne-Residencial in zentraler, halbwegs ruhiger Lage am Parque Eduardo VII. Einfache Ausstattung der Zimmer, keine besonderen Extras. Keine Gruppen.
Avenida Sidónio Pais 6
Metro: Parque
Tel. 3 53 21 81
40 Zimmer
Untere Preisklasse

Britânia ■ C 1/D 2
Kleineres, ziemlich ruhig in einer Parallelstraße zur Avenida da Liberdade gelegenes Drei-Sterne-Hotel. Hinreichend komfortable Ausstattung der Zimmer. Bar, Fernseh- und Aufenthaltsraum. Ansonsten keine besonderen Extras.
Rua Rodrigues Sampaio 17
Metro: Avenida

Der Besondere Tip

Albergaria Senhora do Monte Es gibt gewichtige Gründe, die für diese »Herberge« sprechen. Da wäre zunächst die ruhige Lage im Stadtteil Graça. Auch der Service kann sich sehen lassen. Der größte Clou allerdings ist der wundervolle Blick aus den Zimmern. Das Haus steht auf einem der Lissabonner Hügel und kann somit den Gästen einen wirklich grandiosen Blick auf die Altstadt und den Rio Tejo bieten. Es gibt kaum ein vergleichbares Hotel in Lissabon mit einem ähnlich schönen Ausblick. Die Albergaria ist auch mit der Eléctrico-Linie Nr. 28 erreichbar. Hinreichend komfortable Ausstattung der Zimmer. Bar, Terrasse, Balkone. Viele Auslandsgäste, im Sommer oft ausgebucht. Calçada do Monte 39, Tel. 8 86 60 02, 28 Zimmer, Mittlere Preisklasse ■ E 4/F 4

Tel. 3 15 50 16
30 Zimmer
Mittlere Preisklasse

Carlton
Drei Sterne. Neues, modernes Gebäude. Mittelklassekomfort. Keine besonderen Extras.
Avenida Conde de Valbom 56–62
Metro: Saldanha
Tel. 7 95 11 57, 7 95 11 60 und 7 59 11 64
72 Zimmer
Mittlere Preisklasse

Diplomatico ■ C 2
Vier-Sterne-Hotel in zentraler Lage in einer Parallelstraße der Avenida da Liberdade. Relativ ruhig. Solarium, Restaurant, Bar.
Rua Castilho 74
Metro: Rotunda
Tel. 3 86 20 41
90 Zimmer, 17 Suiten
Obere Preisklasse

Excelsior ■ C 1/D 2
Drei-Sterne-Hotel in einer Parallelstraße zur Avenida da Liberdade. Viel von Gruppen oder Geschäftsleuten besucht. Speisesäle, Bar, Fernsehraum. Ansonsten keine besonderen Annehmlichkeiten.
Rua Rodrigues Sampaio 172
Metro: Rotunda
Tel. 3 53 71 51
81 Zimmer
Mittlere Preisklasse

Florescente ■ D 3
Zwei-Sterne-Residencial nahe dem Rossio. Einfache Ausstattung, aber sauber und solide. Relativ ruhige Lage. Für das kleine Portemonnaie.
Rua Portas de Santo Antão 99
Metro: Restauradores
Tel. 3 42 66 09
80 Zimmer
Untere Preisklasse

Da Lapa
Im Frühjahr 1992 eröffnetes Luxushotel im vornehmen Stadtteil Lapa. Absolut ruhige Lage. Das heutige Hauptgebäude des Hotels war im 19. Jh. ein Palais, das einem portugiesischen Minister gehörte. Park mit alten Bäumen und Swimmingpool. Der größte Teil der Anlage wird von einer Mauer umgrenzt. Alle Räume genügen höchsten Ansprüchen, die meisten verfügen über Balkone mit Blick auf den Park. Ladengalerie, Restaurant, Bar, Fitneßzentrum.
Rua Pau de Bandeira 4
Bahnhof: Santos
Tel. 3 95 00 05 und 3 95 00 06
100 Zimmer
Luxusklasse

Lisboa Penta
Vier Sterne. Restaurants, Bars, Garten mit Swimmingpool, Räume für Tagungen, privater Parkplatz.
Avenida dos Combatentes
Metro: Palhavã
Tel. 7 26 40 54
592 Zimmer
Obere Preisklasse

Lisboa Plaza ■ C 2/D 3
Zentrale, aber relativ ruhige Lage. Vier Sterne. Moderne Ausstattung. Besteht seit 1953. Restaurant, Ladenzentrum, Bar, Kongreßräumlichkeiten.
Avenida Liberdade/Tv. Salitre 7
Metro: Avenida
Tel. 3 46 39 22
87 Zimmer, 6 Suiten
Obere Preisklasse

Meridien ■ B 1/C 1
Großer Glaspalast in der Nähe des Parque Eudardo VII. Hoher Komfort auf allen Ebenen. Eine noble Bleibe für wohlhabende Gäste. Französisch inspiriertes Ambiente. Viele Geschäftsleute.

Rua Castilho 149
Metro: Rotunda
Tel. 69 04 00, 69 09 00
331 Zimmer
Luxusklasse

Miraparque
Drei-Sterne-Hotel in ruhiger Lage am Parque Eduardo VII. Restaurant, Bar. Einfache Ausstattung der Zimmer. Viele Gruppen.
Avenida Sidónio Pais 6–12
Metro: Parque
Tel. 3 52 42 86
100 Zimmer
Mittlere Preisklasse

Santa Catarina ■ C 4
Drei-Sterne-Residencial in zentraler Lage. Sauber und freundlich.
Rua Dr. Luis Almeida Albuquerque 6
Metro: Restauradores
Tel. 3 46 61 06 und 3 47 72 27
28 Zimmer
Untere Preisklasse

Tivoli Jardim ■ C 2
Gediegener Service. Vier Sterne. Restaurant, private Garage, Tennisplatz, Swimmingpool.
Relativ ruhige Lage.
Rua Júlio César Machado 7–9
Metro: Avenida
Tel. 3 53 99 71
119 Zimmer
Obere Preisklasse

York House
Sehr stilvolle Albergaria (vier Sterne) in einem ehemaligen Klostergebäude im vornehmen Stadtteil Lapa. Ruhige Lage. Idyllischer Innenhof mit altem Baumbestand. Aufmerksamer Service. Bar, Restaurant. Gepflegtes Ambiente für ein anspruchsvolles Publikum. Die schönsten Zimmer liegen im Hauptgebäude und nicht im »Anexo«, dem Nebengebäude. Viele deutsche Gäste. Im Sommer oft ausgebucht. Rundum empfehlenswert.
Rua das Janelas Verdes 32
Bahnhof: Santos
Tel. 3 96 24 35 und 3 96 73 98
48 Zimmer
Obere Preisklasse

Ruhe und üppiges Grün bietet der Innenhof des York House

Campingplatz

Parque de Campismo de Monsanto
Der Campingplatz liegt im Nordwesten der Stadt, im Parque Florestal de Monsanto. Sie erreichen ihn mit der Buslinie Nr. 43. Außerhalb der Stadt befinden sich weitere Campingplätze an der Costa de Caparica und bei Cascais.
Parque Florestal de Monsanto
Tel. 7 60 20 61 und 7 60 20 62

Jugendherberge

Pousada de Juventude
Rua Andrade Corvo 46
Metro: Picoas
Tel. 3 53 26 96
124 Betten

Hotels außerhalb des Zentrums

Berna
Das Drei-Sterne-Hotel nördlich des Zentrums nahe dem Campo Pequeno gelegen. Zehn Stockwerke. Viel von Reisegruppen besucht. Bar, Konferenzsaal, Aufenthaltsraum.
Avenida António Serpa 11–13
Metro: Campo Pequeno
Tel. 7 93 67 67
152 Zimmer
Mittlere Preisklasse

Continental
Großes Vier-Sterne-Hotel mit markanter, halbrunder Glasfassade. Relativ ruhige Lage nahe der Calouste-Gulbenkian-Stiftung und der Stierkampfarena. 15 Min. bis zum Flughafen. 14 Stockwerke, Ladengalerie, Bar, nahebei diverse Fitneß- und Sportanlagen.
Rua Laura Alves 9
Metro: Campo Pequeno
Tel. 7 93 50 05
210 Zimmer
Obere Preisklasse

Lutécia
Vier-Sterne-Hotel mit moderner, zweckmäßiger Einrichtung im Stadtteil Campo Pequeno. Schönes Panoramarestaurant, Bar und Coffee Shop.
Avenida Frei Miguel Contreiras 52
Metro: Areeiro
Tel. 80 31 21
152 Zimmer
Obere Preisklasse

Novotel Lisboa
Das Vier-Sterne-Haus, in der Nähe der Praça de Espanha gelegen, bietet einen schönen Swimmingpool, Terrassen, Garage und rund 150 m Saalfläche für Kongresse und Bankette.
Avenida José Malhoa 1643
Metro: Palhavã
Tel. 7 26 60 22
246 Zimmer
Obere Preisklasse

Residencia America
Alle Zimmer dieses Hotels im Stadtteil Saldanha sind mit Bad, Telefon und Heizung ausgestattet. Die Zimmer zur Straße sind allerdings etwas laut. Bar und Fernsehraum.
Rua Tomás Ribeiro 47
Metro: Picoas
Tel. 3 32 11 77
56 Zimmer
Mittlere bis untere Preisklasse

Torre
Empfehlenswertes Quartier (drei Sterne) im westlichen Stadtviertel Belém. Ruhige Lage nahe der Torre de Belém und dem Hieronymuskloster.
Rua dos Jerónimos 8
Bahnhof: Belém
Tel. 3 63 01 61
50 Zimmer
Mittlere Preisklasse

Prächtige Bauten aus der Zeit der Könige und Seefahrer, Kirchen, Klöster und Parks prägen das Stadtbild ebenso wie die museumsreifen Verkehrsmittel.

»Lissabon ist, industriell gesprochen, ein moderner Großbetrieb zur Erzeugung von Lärm.« So erlebte der deutsche Schriftsteller Alfred Döblin in den vierziger Jahren die Stadt. Auch wenn Döblin natürlich überspitzt formuliert hat – es ist schon etwas Wahres daran, heute noch mehr als seinerzeit. Dem Besucher, der als Fußgänger im Lärm des Verkehrs und im Gedränge der Menschenmassen unterwegs ist, wird die Begegnung mit Zeugnissen der Stadtgeschichte, mit den Kunst- und Kulturschätzen, mit den einst schmucken Palästen, den pompös gestalteten Plätzen und Denkmälern aus dem goldenen, längst verklungenen Zeitalter des Reichtums und der Weltmacht alles andere als leicht gemacht. Man sollte deshalb daran denken, sich kein allzu großes Tagespensum an Sightseeing zuzumuten. Das ständige Getöse und die Hitze im Sommer erfordern Erholungspausen. Die gilt es einzuplanen.

Sightseeing mit Pausen

Aber keine Angst: Es gibt in Lissabon auch Zufluchtsorte, Orte zum Verweilen und Verschnaufen, wo man seine Eindrücke sortieren und für den nächsten Besuch einer Sehenswürdigkeit Kraft schöpfen kann. Wie geschaffen dafür sind die Parks, vor allem aber die Miradouros. Die sollten Sie aufsuchen, sich auf eine Bank setzen und von der Aussichtsplattform, meist von

»Seepferd« im Parque Eduardo VII

Mit einem Triumphbogen mündet die Rua Augusta in die Praça do Comércio

Grünanlagen umgeben, den Rund- und Überblick aus der Vogelperspektive genießen – da erholen sich die Nerven schnell.

Und noch ein Hinweis: Man muß schon recht gut zu Fuß und zu Kletterpartien bergauf – bergab, treppauf – treppab bereit und in der Lage sein, will man in dieser Stadt den Kirchen und Museen, den Märkten und kleinen Kramläden, dem Burgberg und dem Tejo-Ufer, der Unter- wie der Oberstadt einen persönlichen Besuch abstatten. Da spürt man abends im Hotel die Fußgelenke, da werden Schuhsohlen strapaziert.

Aber am Ende hat sie sich doch gelohnt, die Besichtigung der so facettenreichen und originellen Museumslandschaft, der alten Bierlokale, der labyrinthischen Gassen der Alfama, des Friedhofs Prazeres, der Pracht- und Repräsentationsbauten aus dem goldenen Zeitalter Lissabons, die das verheerende Erdbeben von 1755 halbwegs unbeschadet überlebt haben; und nicht zu vergessen die Fahrten mit den altertümlichen Eléctricos und Elevadores.

Vergangene Pracht

Belém heißt der Vorort im Westen der Stadt: ein flaches Gelände mit eher mäßigem Autoverkehr. Bedeutende Bauwerke der portugiesischen Geschichte haben hier das Erdbeben überstanden. Die großen Seefahrer legten hier einst zu den Entdeckungs- und Eroberungsfahrten nach Übersee ab.

Mehr noch als im Zentrum Lissabons werden Sie sich in Belém Geist, Motivationen und religiöse Hintergründe des portugiesischen Kolonialzeitalters vergegenwärtigen können. Vasco da Gama brach im Jahr 1497 von hier nach Indien auf. Riskante Schiffsreisen zu den Goldminen Brasiliens wurden von hier unternommen. Ein guter Rat: Gönnen Sie sich zumindest einen ganzen Besichtigungstag in Belém (→ Ausflüge).

Der Aqueduto das Águas Livres versorgte die Stadt einst mit Trinkwasser

Aquario Vasco da Gama
(→ Mit Kindern unterwegs)

Aqueduto das Águas Livres
Der Aquädukt überspannt das **Alcântara-Tal** im Nordwesten Lissabons und ist Teil einer historischen Wasserversorgungsleitung, die heute nicht mehr benutzt wird. Die gesamte unter- und oberirdische Wasserleitung mit allen Nebenzweigen hat eine Länge von fast 60 km. Das historische Bauwerk im Alcântara-Tal macht nur einen geringen Teil des Gesamtsystems aus und ist rund 940 m lang. Gestützt wird die Wasserführung von 35 Bögen. In einer Höhe von 65 m verlaufen links und rechts des Aquädukts Fußwege. An Wochenenden im Sommer (die genauen Termine bitte beim Turismo-Büro erfragen) können Besucher den Aquädukt besichtigen und überqueren. Man hat einen herrlichen Blick über das Alcântara-Tal bis hinunter zum Tejo.

Der das Alcântara-Tal überspannende Aquädukt wurde 1778 fertiggestellt. Die Bauarbeiten an der gesamten Wasserleitung hatten bereits 1731 begonnen und wurden bis ins 19. Jh. hinein fortgeführt. Bis 1880 wurde der größte Teil des Wasserbedarfs der Stadt Lissabon über den Aquädukt geführt. Später reichte die Kapazität nicht mehr aus. Neue Leitungen wurden erforderlich. Einen interessanten Einblick in die Geschichte der Wasserversorgung Lissabons vermittelt das **Museu da Água Manuel da Maia** (→ Museen).

Basílica da Estrêla ■ A 3
Markanter Kuppelbau im Nordwesten der Stadt. Die Errichtung der Kirche in der zweiten Hälfte des 18. Jh. geht auf ein Gelübde der Königin Maria I. zurück. Sie wollte eine Kirche bauen lassen, sollte ihr ein Thronfolger geboren werden. Dies geschah; der Thronfolger José wurde geboren, starb dann allerdings zwei Jahre vor Fertigstellung der Basilika. Mit der Errichtung der spätbarocken Sternbasilika wurde 1779 begonnen. Auch klassizistische Elemente wurden hinzugefügt, 1790 galt die Kirche als vollendet. Für den größten Teil des Gebäudes wurde weißer Kalkstein verwendet. Zwei Glockentürme flankieren die klassizistische Fassade. Vier korinthische Säulen rahmen die drei Eingangsportale ein. Über den Säulen erkennt man vier allegorische Statuen aus Marmor, die den Glauben, die Anbetung, die Freiheit und die Dankbarkeit symbolisieren. Der Innenraum der Basilika ist nahezu komplett mit Marmor (rosa, weiß und grau) ausgekleidet. Im rechten Querschiff liegt das aus weißem und schwarzem Marmor gefertigte Grabmal der Königin Maria I.

Man erreicht die Basilica mit dem Eléctrico Nr. 28 (in Richtung Prazeres-Friedhof) und anderen Linien. Gegenüber liegt der in der Mitte des 19. Jh. angelegte Park **Jardim da Estrêla** mit üppigem Pflanzen- und Baumbestand, Teichen, einem Kinderspielplatz, Fontänen und einem hübschen Musikpavillon aus dem Jahre 1884.
Praça da Estrêla
Tgl. 7.30–13, 15–20 Uhr

Casa do Alentejo ■ D 3
Hinter einer unscheinbaren Fassade nahe dem Rossio verbirgt sich eine beeindruckende Kostbarkeit. Man steigt eine Treppe hinauf und steht mit einem Mal in einem Innenhof, der ebenso wie das ihn umgebende Palastgebäude vollkommen im maurischen Stil gestaltet ist. Welch ein abrupter Weltwechsel: eben noch im Getümmel der Lissabonner Innenstadt, nun an

TOP TEN 4

einem stillen, schattigen Ort, der auch in einem arabischen Land liegen könnte. Ein kleiner Springbrunnen im Zentrum des Innenhofs, überall Pflanzen, typisch verzierte Bögen in arabisch beeinflußtem Mudejár-Stil, Azulejos, Intarsien-Möbel aus Sandelholz, Balkone, kleine Schmucksäulen.

Der Palast stammt aus dem letzten Viertel des 17. Jh., die heutige Innengestaltung geht aber auf den Beginn dieses Jahrhunderts zurück. Das Gebäude dient als Treffpunkt und Kulturzentrum der in Lissabon und Umgebung lebenden Alentejaner. Es beinhaltet u.a. einen prunkvollen Festsaal und einen Lesesaal; angeschlossen ist auch, in der ersten Etage, ein volkstümliches Restaurant (→ Essen und Trinken), in dem Spezialitäten aus dem Alentejo serviert werden. Das Palastgebäude und das Restaurant stehen zwar auch Besuchern offen, die Direktion des Kulturzentrums achtet jedoch darauf, daß der eigentliche Sinn dieses landsmannschaftlichen Zentrums nicht durch Touristenbesuche gestört wird. Behutsamkeit und Respekt sind hier unbedingt angebracht. Fotos dürfen nur mit Genehmigung der Direktion gemacht werden. Auch die anderen Provinzen und Regionen Portugals unterhalten Kulturzentren in Lissabon, denen meist auch ein Restaurant angeschlossen ist.
Rua das Portas de Santo Antão 58
Metro: Restauradores
Mo–Sa 10–13, 14–18, Uhr;
Restaurant 12–15, 19–22 Uhr
Im August gewöhnlich Betriebsferien

Casa dos Bicos ■ E 6

Das vierstöckige »Haus der Spitzen« gilt als typischer Stadtpalast der Renaissance und weist eine markante, eigentümliche Fassade auf. Sie zieren vorspringende, pyramidenförmig zugespitzte Steine, die an geschliffene Diamanten erinnern. Daher wird das Gebäude gelegentlich auch als Diamantenhaus bezeichnet. 1523 ließ der damalige Senatspräsident Brás de Albuquerque, der Sohn des ersten Vizekönigs von Indien Alfonso de Albuquerque, das Gebäude errichten. Durch das große Erdbeben 1755 wurden die beiden oberen Etagen stark zerstört. Mehr als zwei Jahrhunderte diente das beschädigte Haus wechselnden Zwecken, zeitweilig sollen hier Fische gelagert worden sein. Erst 1982 wurden die beiden oberen Stockwerke wieder nach alten Plänen restauriert, wobei aber vornehmlich moderne Materialien verwendet wurden. Das Innere des Hauses wurde vollkommen umgebaut, das Erdgeschoß dient heute gelegentlich als Ausstellungsraum.
Rua dos Bacalhoeiros 10
Metro: Rossio

Castelo de São Jorge ■ E 4/E 5

Die auf einem 110 m hohen Hügel gelegene Festungsanlage überragt das Zentrum von Lissabon. Schon in römischer Zeit befand sich auf diesem Hügel ein Kastell, das später auch von den Westgoten und Mauren genutzt wurde. Im 12. Jh. und um das Jahr 1300 wurde die Anlage mehrfach umgebaut. Sie wurde Königspalast; bis zum Jahre 1511 residierten hier die Könige Portugals. Später wurde die Festung vorübergehend als Waffenlager und Gefängnis genutzt, ehe das Erdbeben von 1755 einen Großteil der Mauern und Gebäude zerstörte.

TOPTEN 3

In der Regierungszeit Salazars wurde der Komplex mit beachtlichem Aufwand restauriert, ohne allerdings den historischen Vorlagen in allen Details zu folgen. Im Zentrum der Burganlage steht heute eine Mauer mit zehn kompakten Türmen. Im Innern der Anlage findet der Besucher einen Park, ein Tiergehege, Brunnen, Bänke, Wasserläufe und Spazierwege vor.

Im ehemaligen Königspalast ist heute ein Restaurant, **Casa do Leão** (→ Essen und Trinken) mit schöner Aussichtsterrasse untergebracht. Von hier bietet sich ein wundervoller Blick auf das Zentrum der Stadt, den Tejo und das jenseitige Flußufer. Ein großes Kachelbild erläutert die Gebäude und Sehenswürdigkeiten Lissabons und erleichtert die optische Orientierung.

An Wochenenden wird der Burgberg gern von Ausflüglern, Spaziergängern, Rentnern und Familien mit Kindern aufgesucht. Pfauen stolzieren umher, inmitten der Grünanlagen sind Statuen postiert. Im Restaurant finden nicht selten Hochzeits- und andere Festessen bzw. Empfänge statt.
Metro: Rossio
Tägl. 9–19, im Sommer 9–21 Uhr

Cemitério dos Prazeres
Dieser große Friedhof liegt im Westen der Stadt, an der Endhaltestelle des Eléctrico Nr. 28. Er besteht seit 1833 und umfaßt mehr als 70 symmetrisch angelegte Straßen, mehrere Mausoleen und zahllose mehr oder weniger schmuckverzierte hausähnliche Grabgebäude. Manche »Hausgräber« weisen gar Fenster mit gehäkelten Gardinen, geharkte Vorgärten, Ziergeländer, Eingangstüren, Stühle und Tische auf – so als solle den Toten eine häusliche Umgebung geschaffen werden. Auch monumentale, pathetisch wirkende Grabgebäude sind darunter. Ein Tenente General Pedro Folque hat sich z.B. eine stilisierte Festungsanlage mit Zinnen und Wehrtürmen erbauen lassen.

Auf dem »Friedhof der Vergnügen« liegen viele bedeutende Persönlichkeiten Lissabons begraben: Musiker, Poeten, Schauspieler, Militärs, Unternehmer und Maler. Bis 1985 war hier der große portugiesische Dichter Fernando Pessoa be-

Ausflugsziel mitten in der Stadt: das Castelo de São Jorge

stattet, danach wurden die sterblichen Überreste in den Kreuzgang des Hieronymusklosters nach Belém überführt (→ Mosteiro dos Jerónimos). Aus dem oberen, westlichen Bereich des Friedhofs hat man einen interessanten Blick auf den Stadtteil Alcântara und die Tejo-Brücke.
Praça São João Bosco/Parada dos Prazeres
Endstation des Eléctrico Nr. 28
Okt.–April 9–17, Mai–Sept. 9–18 Uhr, Mo geschl.

Convento da Madre de Deus
Östlich des Stadtzentrums liegt nahe dem Bahnhof Estação de Santa Apolónia dieses 1509 von der Königin Leonor (der Schwester Manuel I.) gegründete Kloster. In einigen Räumlichkeiten des Gebäudekomplexes ist heute das **Museu Nacional do Azulejo** (→ Museen) beheimatet. Durch das große Erdbeben von 1755 wurden weite Teile des von manuelinischen Stilelementen geprägten Klosters zerstört; 1872 erfolgte eine Rekonstruktion, die sich maßgeblich auf die alten Baupläne stützte. Auch das Hauptportal, geziert von Pflanzenornamenten, dem portugiesischen Wappen, einem Fischernetz und einem Pelikan, ist eine Rekonstruktion aus dem Jahr 1872. Das kleine Seitenportal an der langgestreckten Vorderfront (links vom Haupteingang) ist allerdings noch ein Originalstück aus der manuelinischen Epoche, das das Erdbeben überdauert hat.

Prunkstück im Innern des Komplexes ist die barocke, einschiffige **Kirche** mit wertvollen Kachelbildern, einem Tonnengewölbe und zahlreichen Gemälden mit Motiven aus dem Leben der Gottesmutter. Die Azulejos zeigen meist ländliche und biblische Szenen. Die Gemälde im Altarraum gelten als die ältesten und stammen aus dem 16. Jh. Zum Komplex zählen auch ein manuelinischer und ein Renaissance-Kreuzgang; im letzteren sind Objekte aus dem Kachelmuseum zu sehen.
Rua da Madre de Deus 4
Di 14–18, Mi–So 10–18 Uhr

Elevador da Bica ■ C 5
Die im Jahre 1892 eingeweihte Kabelbahn verbindet die Rua de São Paulo in der Unterstadt mit der Calçada do Combro/Rua do Loreto in der Oberstadt. Die Wagen der Kabelbahn werden über die steile Rua da Bica de Duarte Belo gezogen. Rechts und links dieser steilen Hangstraße: Bars, Restaurants, kleinere Wohnhäuser und Tante-Emma-Läden. Von der abwärts fahrenden Kabelbahn eröffnet sich ein weiter Blick auf den Tejo. Die untere Station der Kabelbahn in der Rua de São Paulo 234 trägt die Aufschrift »Ascensor da Bica«. Der Elevador ist für gewöhnlich, wie die anderen Kabelbahnen auch, zwischen 7 und 23 Uhr in Betrieb.
Rua de São Paulo 234
Bahnhof: Cais do Sodré

Elevador da Glória ■ D 4
Diese Kabelbahn ist Baujahr 1885. Die untere Station befindet sich direkt neben dem **Palácio Foz** (Turismo-Büro) an der Praça dos Restauradores. Der Wagen der Kabelbahn wird über die steile Calçada da Glória hochgezogen und erreicht die obere Station an der Rua de São Pedro de Alcântara neben dem gleichnamigen Miradouro.
Praça dos Restauradores/Calçada da Glória
Metro: Restauradores

Elevador da Lavra ■ D 3
Die 1884 eingeweihte Kabel- bzw. Standseilbahn ist der älteste der vier Lissabonner Elevadores. Sie verbin-

det die Rua San José/Rua das Portas de Santo Antão in der Unterstadt (nahe Avenida da Liberdade) mit der Rua C. Pestana in der Oberstadt. Von hier sind es nur ein paar Schritte bis zum Aussichtspunkt **Jardim de Torel** (Rua de Júlio de Andrade) und zur Parkanlage **Campo dos Mártires da Patria** (nahe der deutschen Botschaft).
Rua San José/Rua das Portas de Santo Antão
Metro: Restauradores

Elevador de Santa Justa ■ D 5
Keine Kabel- bzw. Drahtseilbahn, sondern ein richtiger, freistehender Aufzug. Die originelle, vielbestaunte Stahlkonstruktion wird gelegentlich auch als Elevador do Carmo bezeichnet. Der Aufzug verbindet die Unterstadt (Rua de Santa Justa) mit dem **Chiado**-Viertel in der Oberstadt. Der im August 1901 eingeweihte Aufzug zeigt eine kunstvolle Außenverzierung mit filigranen Gestaltungselementen neugotischer Provenienz. Zwei Kabinen fahren in dem eisernen Turm auf und ab, sie fassen jeweils rund 25 Personen. Der bewältigte Höhenunterschied beträgt 32 m. Die markante, elegante Eisenkonstruktion wurde nicht – wie manchmal behauptet – von Alexandre Gustave Eiffel, sondern von Raoul Mesnier de Ponsard entworfen. Nahe der unteren Station, in der Rua de Santa Justa, gibt es zahlreiche Terrassencafés und Geschäfte. Von der Plattform am oberen Ein- bzw. Ausgang genießt man einen interessanten Blick auf die rechtwinklig angelegten Straßenzüge der Unterstadt und den Rossio. Eine Brückenkonstruktion überquert die Rua do Carmo. Sie verbindet den Fahrstuhl mit dem Largo do Carmo. Von hier sieht man gut jene Gebäude, die im August 1988 Opfer eines Großbrandes wurden und nun

TOPTEN 2

Der Elevador de Santa Justa verbindet seit fast hundert Jahren die Unter- mit der Oberstadt

wieder aufgebaut werden. Der Brand drang allerdings nicht bis zum Fahrstuhl vor. Der ist normalerweise von 7 (So 9 Uhr) bis 23 Uhr in Betrieb. Am unteren Ein- bzw. Ausgang befindet sich eine Fahrkartenverkaufsstelle der Verkehrsgesellschaft Carris.
Rua de Santa Justa
Metro: Rossio

Igreja de São Roque ■ D 4
Die äußerlich unscheinbare Kirche am Largo Trindade Coelho weist im Inneren große Kostbarkeiten auf; manche behaupten, sie besitze die wertvollste Innenausstattung aller Kirchen Lissabons. Die Kirche wurde in der zweiten Hälfte des 16. Jh. im Auftrag von Jesuiten gebaut. Ausführender Architekt war der Italiener Filippo Terzi, der später auch die Igreja de São Vicente de Fora entwarf. Die Fassade der Kirche erlitt beim Erdbeben 1755 schwere

Beschädigungen und mußte danach vollkommen neu aufgebaut werden.

Das Innere der Kirche wird vom manieristischen Stil geprägt. Die Decke offenbart kunstvolle Malereien, die ein Kuppelgewölbe vortäuschen sollen. Der Innenaufbau gibt sich zurückhaltend, auf Seitenschiffe wurde verzichtet. Nach der Auffassung der jesuitischen Lehre sollte durch diese Konstruktion die Aufmerksamkeit auf den Gottesdienst konzentriert werden.

Pompös ausgeschmückt sind dagegen die acht, zwischen dem 16. und 19. Jh. fertiggestellten **Seitenkapellen**. Die älteste Seitenkapelle (dritte Kapelle rechts) stammt aus der zweiten Hälfte des 16. Jh. und ist dem Heiligen Rochus geweiht. Sie beherbergt eindrucksvolle Kachelbilder, darunter eine Szene mit Sankt Rochus bei der Heilung eines Pestkranken.

Als prunkvollste Kapelle gilt die **Capela de São João Baptista** (vierte Kapelle links), die Johannes dem Täufer gewidmet ist. Die Kapelle wurde 1740 bei einem italienischen Architekten in Rom bestellt. Nach fünfjähriger Bauzeit wurde sie in ihre Einzelteile zerlegt, per Schiff nach Lissabon befördert und hier in mühevoller Filigranarbeit wieder aufgebaut. Der Aufbau soll weitere vier Jahre gedauert haben. Der Auftraggeber, der portugiesische König João V., ließ nur die wertvollsten Materialien für die Kapelle verwenden; auch die Goldminen Brasiliens mußten dafür herhalten.

In der Kapelle erkennt man Engel aus Carrara-Marmor, Säulen aus Lapislazuli, Holzdekorationen aus tropischen Edelhölzern, zudem Achat, Alabaster, Elfenbein, diverse Edelsteine, Gold- und Silberschmuck. Die Kapelle mit ihrem originellen Mosaikfußboden dokumentiert das hohe künstlerische Niveau der italienischen Handwerker des späten 18. Jh.

Rechts neben der Kirche schließt sich das **Museu de Arte Sacra** an. Es zeigt historische Sakralkunst, darunter italienische Goldschmiede-

Prunkvolle Innenausstattung: Igreja de São Roque

arbeiten aus dem 18. Jh., Gemälde aus dem 17. und prächtig geschmückte Meßgewänder.
Largo Trindade Coelho
Metro: Restauradores
Kirche: tgl. 8.30–17, So und Fei 8.30–13 Uhr
Museum: Di–So 10–12, 14–17 Uhr

Igreja de São Vicente de Fora ■ F 5
Der markante Kirchenbau liegt auf einem Hügel nordöstlich der Alfama, überragt die umliegenden Wohnhäuser und ist weithin sichtbar. Die dem Sankt Vinzenz geweihte Kirche lag einst außerhalb der Stadtmauern, daher die Bezeichnung »da Fora« (außerhalb). Die Entstehung der Kirche soll auf eine Anordnung des spanischen Königs Philipp II. zurückgehen. Er beauftragte den italienischen Architekten Filippo Terzi, der auch die Igreja de São Roque entworfen hatte, mit den Entwürfen zu diesem Gotteshaus. Terzi orientierte sich bei seiner Arbeit an Kirchenvorbildern in Rom. Offiziell galten die Bauarbeiten 1629 als beendet; an dem großen Gebäudekomplex, der stilistisch dem Manierismus oder dem frühen Barock zugeschrieben wird, wurde jedoch bis zum Beginn des 18. Jh. weitergebaut.

Die symmetrisch gegliederte Fassade flankiert zwei Türme. Über den drei zentralen Portalen erkennt man in Nischen drei Figuren: São Sebastião, Santo Agostinho und São Vicente.

Das Innere der Kirche zeigt im Gegensatz zu der etwas streng wirkenden Fassade eher barocke Züge. Eine Kassettendecke mit gelben und rosa Marmorfeldern überspannt den 74 m langen, einschiffigen Raum. Überall wurde reichlich Marmor verwendet. Eine Grabplatte in der **Antoniuskapelle** im rechten Querschiff (eine der sechs Seitenkapellen) erinnert an den deutschen Ritter Henrique Alemão, der bei der Eroberung Lissabons im Kampf gegen die Mauren ums Leben gekommen sein soll.

Der **Vinzenzaltar** ist mit einem großen barocken Baldachin überdacht. Das berühmte Polyptychon des Vinzenzaltars wurde im letzten Jahrhundert in dieser Kirche entdeckt. Es ist heute im **Museu Nacional de Arte Antiga** (→ Museen) zu sehen. Die im 15. Jh. geschaffenen sechs großen zusammenhängenden Bildtafeln des Polyptychons stehen unter dem Motto »Anbetung des Heiligen Vinzenz«. Das Werk zeigt interessante Porträts von portugiesischen Persönlichkeiten des 15. Jh. (König Afonso V. und seine Gemahlin Isabel, Heinrich der Seefahrer u.a.) und wird kunsthistorisch sehr hoch eingestuft, da alle dargestellten Persönlichkeiten deutlich individuelle Züge zeigen. Damit offenbart sich mit diesem Bild eine bereits vollzogene Abkehr von der idealisierenden, stereotypen Menschendarstellung der mittelalterlichen Standesideologie. Eine aufmerksame Betrachtung des Polyptychons im Museu Nacional de Arte Antiga ist sehr zu empfehlen.

Aus dem Kirchenschiff gelangt man in das ehemalige **Augustinerkloster**. In der Eingangshalle und in den beiden Kreuzgängen sind eindrucksvolle Kachelbilder (Azulejos) aus dem 18. Jh. zu bewundern. Die Azulejos in der Halle zeigen diverse Eroberungsszenen und Ansichten Lissabons, denen die Fachwissenschaftler kaum historische Authentizität, sondern eher eine naive, verklärende Darstellung der Fakten bescheinigen. Die Kachelbilder in den Kreuzgängen zeigen 38 Motive aus Fabeln von La Fontaine.

Das ehemalige **Refektorium** des Klosters dient seit 1855 als Grabstätte der Königsfamilie (Panteão da Familia Real). Die Steinsarkophage wurden zur Zeit der Salazar-Regierung geschaffen. Hier ruhen die bedeutenden Repräsentanten der Bragança-Dynastie. Auch der rumänische König Karl, ein Verwandter des portugiesischen Königshauses, soll hier bestattet sein.

Hinter der Kirche findet dienstags und samstags der Flohmarkt **Feira da Ladra** statt (→ Einkaufen, Märkte).
Largo de São Vicente
Bahnhof: Santa Apolónia
Tgl. 9–13 und 15–18 Uhr

Jardim Botânico ■ C3
Der botanische Garten umfaßt ein Gelände von rund 34 000 qm und wurde 1873 angelegt. Seine Entstehung geht auf die Initiative zweier Professoren der naturwissenschaftlichen Fakultät zurück. Zu sehen sind eine Vielzahl von Bäumen, Blumen und Pflanzen aus den unterschiedlichsten Klimazonen der Erde. Zwischen den Gewächsen: moderne Skulpturen und kleine Wasserläufe. Nahebei liegen ein meteorologisches Observatorium und ein astronomisches Institut sowie eine Abteilung des naturwissenschaftlichen Museums.
Rua da Escola Politécnica
Metro: Avenida
Mo–Fr 9–17, Sa, So 10–17 Uhr

Jardim Tropical
Die hochinteressante, ruhespendende Parkanlage im Stadtteil Belém wird gelegentlich auch als **Jardim do Ultramar** bezeichnet. Der rund 7 ha umfassende tropische Garten besteht seit 1912. Angeblich wachsen hier, zum Teil in Gewächshäusern, rund 400 verschiedene tropische Pflanzen und Bäume: große Drachenbäume von den Kanarischen Inseln, Phoenix-Palmen,

Tropische Vegetation im Botanischen Garten

Araukarien aus Australien, Palmen aus Mexiko, Jacarandabäume aus Peru, Bambus, Johannisbrotbäume etc. Die meisten Bäume sind mit Namen und Herkunft beschriftet. Im Sommer sind hier viele Singvögel und Schmetterlinge zu beobachten. Schöne Statuen, vor allem Köpfe von Männern und Frauen aus den portugiesischen Überseebesitzungen von einst, stehen im Park verstreut.

Das angegliederte Museum für tropische Landwirtschaft ist derzeit geschlossen. Der Park macht allerdings keinen übermäßig gepflegten Eindruck; die Vegetation dankt's und wuchert herrlich.
Largo dos Jerónimos
Bahnhof: Belém
Di–So 10–17 Uhr

Jardim Zoologico
(→ Mit Kindern unterwegs)

Mosteiro dos Jerónimos
Das große Klostergebäude im Vorort Belém gilt als eines der bedeutendsten Bauwerke Portugals. In der Zeit

TOPTEN 1

seiner Entstehung, zu Beginn des 16. Jh., lag das Hieronymuskloster direkt am Ufer des Tejo. Später veränderte sich durch natürliche und künstliche (Bau eines Hafenbeckens) Faktoren die Lage des Flußufers. Ehe die Bauarbeiten für das Kloster begannen, befanden sich an dieser Stelle ein Hospiz sowie die kleine Kapelle **Nossa Senhora de Restelo**, die bereits im 15. Jh. von Heinrich dem Seefahrer errichtet worden war. Aus dem nahegelegenen Hafen von Restelo legten die Christusritter zu ihren Schiffsreisen ab. Vor diesen riskanten Fahrten nach Übersee beteten sie in der erwähnten Kapelle und übernachteten im Hospiz. 1497 soll hier auch Vasco da Gama vor seiner ersten Expedition nach Indien gebetet haben. Den Entschluß zum Bau eines Klosters an dieser Stelle traf Manuel I. nach erfolgreicher Rückkehr von einer längeren Expeditionsreise. 1502 begannen die Bauarbeiten, 1571 wurden sie offiziell abgeschlossen.

Das große Klostergebäude zeigt in weiten Teilen markante, meisterhaft konstruierte Werke des manuelinischen Baustils. Typisches Beispiel dafür ist das **Südportal** der Kirche. Es ist über und über mit filigranen Schmuckelementen verziert. Dazu zählen auch eine Statue Heinrich des Seefahrers, zwei das Portal flankierende Strebepfeiler, zwei Löwen (die Wappentiere des Heiligen Hieronymus) sowie eine den Torbogen abschließende Marienfigur. Unter dem Hauptbaldachin mit dem Christuskreuz erkennt man einen Engel mit dem königlichen Wappen. Die Reliefs über den beiden Türen zeigen Szenen aus dem Leben des Heiligen Hieronymus. Es gibt keine einzige Stelle des Portals, die nicht von verschlungenen Ornamenten oder anderem Zierat aus der manuelinischen Symbolwelt geprägt ist. Ein ähnliches Dekor manuelinischer Provenienz offenbart auch das Westportal.

Die dreischiffige Hallenkirche **Igreja de Santa Maria** erfährt man als einen weiten, großzügig gestalteten Raum. Gotisches Netzgewölbe verbindet sechs grazil gearbeitete Säulen im Hauptschiff. Das Querhaus mit einer Scheitelhöhe von 25 m unterstützt den großzügigen Raumeindruck. In der Kirche befinden sich mehrere Grabmäler von Persönlichkeiten der portugiesischen Geschichte: rechts neben dem westlichen Eingang z.B. das Grabmahl des Dichters Luis de Camões, links der Sarkophag Vasco da Gamas. Beide Grabmäler stammen aus dem 19. Jh. Im Querschiff stößt man auf weitere Grabmäler und im Hauptchor auf die von stilisierten Elefanten getragenen Sarkophage von Manuel I. und seiner Gemahlin Maria sowie von João III. und seiner Gemahlin Catarina.

Ein Prunkstück reinster Manuelinik ist der wunderschöne, zweigeschossige Kreuzgang. Die Kreuzgangarkaden umschließen einen Ziergarten. Die üppige Ornamentik der Renaissanceanlage zeigt die typischen Symbole der manuelinischen Schule: Königswappen, stilisierte Pflanzen aus Übersee, das Christuskreuz. Im Zentrum der nördlichen Kreuzgangarkade befindet sich ein Grabgedenkstein für den großen portugiesischen Dichter Fernando Pessoa. Seine sterblichen Überreste wurden 1985 vom Prazeres-Friedhof hierher überführt.

Im **Kapitelsaal** an der Nordostecke des Kreuzgangs sind weitere bedeutende Persönlichkeiten der

portugiesischen Geschichte bestattet. Einer Tradition zufolge kommen Hochzeitspaare nach der Trauung hierher in den Kreuzgang, um sich vor dem historischen Hintergrund fotografieren zu lassen.
Praça do Império
Bahnhof: Belém
Di–So 10–17 Uhr

Padrão dos Descobrimentos
Das monumentale Denkmal der Entdeckungen zählt zu den herausragenden Besichtigungsstätten im Lissabonner Vorort Belém. Im Jahr 1960 wurde das 54 m hohe Monument in seiner heutigen Form am Tejo-Ufer aufgestellt. Anlaß für die Einweihung des Denkmals waren die Feierlichkeiten zum 500. Todestag Heinrich des Seefahrers, der in der Epoche der Salazar-Diktatur eine ideologische Verklärung erfuhr. Das auf bombastische Größe, Machtdemonstration und Pathos hin konzipierte Denkmal verkörpert das Zeitalter der portugiesischen Seefahrer und Entdecker, so wie es in den Zeiten des Salazar-Regimes üblich war.

Das Denkmal zeigt den Bug einer Karavelle, der über das Tejo-Ufer hinaus aufs Wasser ragt. Ganz oben an der Bugspitze posiert in Überlebensgröße Heinrich der Seefahrer. Dahinter schließen sich andere Persönlichkeiten an, die an den Eroberungs- und Entdeckungsfahrten maßgeblichen Anteil hatten. Unmittelbar hinter Heinrich dem Seefahrer rangiert Manuel I., dann der Dichter Luis de Camões, schließlich Repräsentanten des Klerus, Lastenschlepper, Adelige mit Pagenfrisuren, grimmig dreinblickende Heerführer u.a. Die von dem Bildhauer Leopoldo Almeida stammenden Figuren erinnern in ihrer übermenschlichen, heroisierenden Darstellung an Denkmäler aus anderen Diktaturen. Der zum Land hin liegende Eingangsbereich des Denkmals wird von einem stilisierten riesigen Schwert dominiert.

Im Innern werden die 1985 geschaffenen Säle für Ausstellungen und Kongresse genutzt. Mit einem Fahrstuhl kann man sich bis zur Aussichtsplattform (siebter Stock) hinaufbefördern lassen. Von hier – oft weht ein kräftiger Wind – genießt man einen herrlichen Blick über den Tejo sowie über Belém und die nahen Berge.

Gleichfalls ausgesprochen lohnend ist von hier der Blick hinunter auf den Platz vor dem Denkmal. Aus dieser Vogelperspektive erkennt man klar und deutlich das in den Boden eingelassene Motiv einer Windrose (50 m Durchmesser), in deren Mitte die Entdeckungs- und Eroberungsreisen der portugiesischen Seefahrer mit Angabe der betreffenden Jahreszahlen dargestellt sind. Diese Windrose für den Vorplatz des Denkmals wurde seinerzeit von der Republik Südafrika gespendet.
Avenida de Brasília
Bahnhof: Belém
Di–So 9.30–18.45 Uhr

Parque Eduardo VII ■ C 1
Mit rund 25 ha Fläche der größte Park im Zentrum der Stadt. Die nicht übermäßig attraktive Begrünung besteht aus symmetrischen Heckenreihen und Grünstreifen, die im Sommer gern als Liegewiesen benutzt werden. Im oberen Bereich liegt eine große Aussichtsterrasse. Von hier bietet sich ein Blick über die Praça de Marquês de Pombal, die Avenida da Liberdade und die Unterstadt bis zum Tejo und zum jenseitigen Ufer. Die Aussicht gilt als beliebtes Fotomotiv. Die Säulen und Laternen im Park stammen aus den vierziger Jahren. Der nach streng geometrischen Gesichtspunkten konzipierte Park erhielt sei-

Mit dem Padrão dos Descobrimentos gedenkt Lissabon der großen Entdecker

nen Namen nach dem englischen König, der 1903 Lissabon besuchte. Liebhaber üppiger Pflanzenpracht sollten die in der Nordwestecke des Parks gelegene **Estufa Fria** besuchen (tgl. 9–16.30 Uhr). Dieses »kalte Gewächshaus« stammt aus dem Jahre 1929 und beherbergt eine Vielzahl subtropischer und tropischer Pflanzen, eine beachtliche Kakteensammlung, Zierteiche und Volieren. Als Bedachung dienen größtenteils Schilfmatten und Holzgitter (gegen intensive Sonneneinstrahlung und Platzregen). Die Grünanlagen und das Seeufer vor der Estufa Fria sind ein beliebter Treffpunkt für verliebte Pärchen, für Jugendliche und Familien mit Kindern. Oleanderbüsche, Skulpturen, Pfauen und Enten bilden den romantischen Rahmen.
Verlängerung der Avenida da Liberdade
Metro: Parque

Praça do Comércio ■ D 6

Der große, quadratische Platz nahe dem Tejo-Ufer dient heute als Parkplatz; zu Blütezeiten Lissabons war er der repräsentative Empfangssalon für hochgestellte Gäste, die von See her in Lissabon ankamen. Außerdem wurde er für Ketzerverbrennungen und Stierkämpfe genutzt.

Bis zum großen Erdbeben 1755 befand sich hier der Königspalast Paço da Ribeira. Aus dieser Zeit stammt die Bezeichnung **Terreiro do Paço** (Platz des Palastes), wie die Praça do Comércio manchmal noch heute bei den Einheimischen heißt. Nach drei Seiten hin ist der Platz von Arkadengängen umschlossen. In der Mitte des Platzes wurde 1775 ein Reiterstandbild aufgestellt. Es zeigt König José I. Seiner Regierung gehörte als Minister der Marquês de Pombal an, der maßgeblich am Wiederaufbau Lissabons beteiligt war. Ihm ist am Sockel des Standbilds ein Bronzemedaillon gewidmet.

An der Nordfront des Platzes überspannt der **Arco Triunfal** den Durchgang zur Rua Augusta. Der pompöse Triumphbogen stammt von 1873 und ist mit Marmorstatuen ausgestattet. Sie zeigen u.a. den Seefahrer Vasco da Gama, den Minister Pombal und Nuno Álvares Pereira, den Verteidiger der portugiesischen Unabhängigkeit gegen die Spanier. Diverse allegorische Figuren, die den Douro und den Tejo symbolisieren, komplettieren die Schmuckausstattung.

Die südliche, zum Tejo hin geöffnete Seite des Platzes wird als **Cais das Colunas** (Kai der Säulen) bezeichnet. Eine breite Treppe führt ins Wasser, rechts und links wird sie von einer Säule markiert. Dieser kleine Platz am Tejo-Ufer mit Blick über den Fluß und auf die Fährboote gilt als beliebter Treffpunkt bei jugendlichen Lissabon-Besuchern. Nahebei liegt die Fährstation.
Metro: Rossio; Bahnhof: Cais de Sodré

Rossio ■ D 4

Dies ist die gebräuchliche Bezeichnung für den großen Platz im Stadtzentrum, der offiziell **Praça de Dom Pedro IV** heißt, was sich von dem gleichnamigen portugiesischen König ableitet.

Bereits im Mittelalter war der Rossio Lissabons zentrale Bühne für städtisches Leben. Politische Manifestationen, Maskenbälle, Stierkämpfe und andere Großveranstaltungen hat er schon erlebt. Bis in die Gegenwart hat der Rossio seine zentrale Bedeutung als Treffpunkt für Touristen und Einheimische behalten. Kein anderer Platz weist eine größere Betriebsamkeit, ein dichteres Menschengetümmel, ein lauteres Verkehrsgetöse auf. Ringsum liegen Bars, Terrassencafés, kleine Einzelhandelsgeschäfte. Schuhputzer gehen ihren Geschäften nach. An Sommerabenden und Sonntagen treffen sich viele aus Afrika stammende und nun in Lisssabon lebende Männer und Frauen am nordöstlichen Rand des Platzes.

Die nördliche Flanke bildet der klassizistische Bau des **Teatro Nacional Dona Maria II**. Im südlichen Bereich münden drei schnurgerade Flanierstraßen auf den Platz. Im Zentrum des Rossio erhebt sich eine 1870 aufgestellte Marmorsäule. Sie trägt die Bronzeskulptur Pedros IV. Am Sockel erkennt man vier allegorische Figuren, die die Gerechtigkeit und die Weisheit, den Mut und die Mäßigkeit symbolisieren. Diese Eigenschaften wurden seinerzeit dem Namensgeber des Platzes zugeschrieben. Nahebei liegen wasserspeiende Brunnen. Oft werden hier Blumen verkauft.

In direkter östlicher Nachbarschaft zum Rossio befindet sich ein zweiter bedeutender Platz des Stadtzentrums: die **Praça da Figueira**. Dieser »Platz des Feigenbaums« hat einen deutlich anderen Charakter als der Rossio. Der Verkehr flutet hier weniger lebhaft. In der Mitte des Platzes, überragt von einem Reiterstandbild Joãos I., öffnet sich eine große Freifläche. Auf den Stufen vor dem Reiterstandbild treffen sich Rucksacktouristen, Reisegruppen, viele junge Leute aus unterschiedlichen Ländern, Alleinunterhalter, fahrende Folkloresänger und Freaks aller Art. Heerscharen von Tauben und Passanten, Blumenverkäufer und Fahrgäste, die auf den Bus warten, bevölkern den Platz. Auch hier schlägt das vitale Herz der portugiesischen Metropole.
Metro: Rossio

Sé Patriarchal ■ E 5
Die Kathedrale ist das älteste erhaltene Gotteshaus der Stadt. Die Bezeichnung »Sé« für Kathedrale leitet sich von »sede« (»Bischofssitz«) ab. Die südlich des Burghügels am Rand der Alfama gelegene Kirche entstand in der Mitte des 12. Jh. auf den Ruinen einer Moschee. Das Bauwerk sollte von nun an christliche Größe und Vorherrschaft symbolisieren. Im Wechsel der Jahrhunderte wurde die Kathedrale vornehmlich durch Erdbeben mehrfach zerstört und den unterschiedlichen Stilrichtungen entsprechend jeweils wieder aufgebaut, ergänzt und verändert. Die heutige Fassade mit den beiden festungsartigen zinnengekrönten Türmen stammt noch aus dem späten 14. Jh.

Auch das Innere der Kirche offenbart die Koexistenz mehrerer Baustile. Haupt- und Seitenschiff zeigen starke Merkmale der Romanik, Chor und Orgel entstammen dem Barock, die Kapellen im Chorumgang sind von gotischen Gestaltungsformen geprägt. Die Decke besteht aus Tonnen- und Kreuzgewölben. In der **Franziskuskapelle** links neben dem Eingang ist ein Kachelbild zu sehen; es zeigt den Heiligen, wie er zu den Fischen predigt. Hier steht auch ein romanisches Taufbecken, in dem Ende des 12. Jh. der Heilige Antonius getauft worden sein soll.

In der ersten kleinen Kapelle des linken Seitenschiffs verdient eine barocke Weihnachtskrippe Beachtung. An den Seiten des Altarraums thronen die Sarkophage von König Afonso IV. und seiner Gemahlin Beatrix. In der Mitte der Hauptaltar; zum Chorumgang zählen neun Kapellen. Auch hier befinden sich mehrere Sarkophage. Vom Chorumgang erreicht man den spätromanisch bis frühgotischen Kreuzgang. Zu sehen ist hier auch ein kunstvoll

Vier allegorische Figuren
schmücken den Sockel
des Standbilds von Pedro IV
auf dem Rossio

Sé Patriarchal – die älteste Kirche der Stadt

gestaltetes schmiedeeisernes Gitter der Romanik. Die Sakristei birgt den wertvollen Kirchenschatz, darunter den mit Perlmutt verzierten Reliquienschrein des Heiligen Vinzenz und diverser Statuen.

Gegenüber der Kathedrale (westlich) steht die **Igreja de Santo António da Sé**. Das barocke Gotteshaus ist dem Heiligen Antonius, dem Schutzpatron Lissabons, gewidmet. Nebenan liegt das **Museu Antoniano** (→ Museen).
Largo da Sé
Metro: Rossio

Torre de Belém

Der Turm im Stadtteil Belém ist eines der prominentesten Bauwerke Lissabons und ziert viele Titelseiten von Broschüren, Prospekten und Büchern. Oft wird der Turm, der sich heute auf dem Festland direkt am Tejo-Ufer erhebt, bei seiner Errichtung ab 1505 aber auf einer vorgelagerten Insel im Tejo stand, als das Wahrzeichen Lissabons bezeichnet.

TOPTEN 5

Für die Besichtigung des äußerst originell konzipierten Turms sollte man sich mindestens eine Stunde Zeit nehmen. Auch das Turminnere kann man besichtigen. Von der obersten, 35 m hohen Plattform bietet sich ein reizvoller Blick über den Tejo und die Uferregionen.

Ursprünglich war das Bauwerk als Leucht- und Wachturm konzipiert worden. Auftraggeber war König Manuel I., ausführender Architekt Francisco de Arruda, ein prominenter Baumeister aus dem Alentejo und Spezialist für Bauwerke des manuelinischen Stils. 1515 begannen die Bauarbeiten, 1521 galt der Turm als vollendet. Übrigens wurde er zu Beginn des 19. Jh. teilweise abgerissen, 1845 indessen in seiner ursprünglichen Form wieder aufgebaut. Architektonisch erleben wir in diesem Turmbau von Belém eine Vermischung von manuelinischen und maurischen Stilelementen. Die Anlage besteht aus dem viereckigen Turm und einer dem Fluß zugewandten Bastion auf sechseckigem Grundriß. Sie erinnert an die Form eines zur See hin ausgerichteten Schiffsbugs. Der Wehrcharakter der Bastion ist augenfällig: Schießscharten, Zinnen, kleine Wachtürme mit Kuppeldächern, wie wir sie aus der maurischen Baugeschichte kennen. Auch der viereckige Turm zeigt mehrere Kuppeltürmchen, außerdem Wappenverzierungen, kleine, überdachte Balkone, Zinnen und doppelbogige Fenster.

Unter den sechs Wachtürmchen der Bastion kann man in Stein gemeißelte Delphin-, Löwen- und Widderköpfe sowie, unter einem der dem Land zugewandten Türmchen, den schon ziemlich verwitterten Kopf eines Nashorns erkennen. Damit verbindet sich eine Anekdote. 1513 soll König Manuel I. aus Indien ein veritables Nashorn geschenkt bekommen haben. Das Tier, Repräsentant einer bis dato in Europa kaum bekannten Art, erregte großes Aufsehen. Schließlich sollte das Nashorn auf der Praça do Império gegen einen Elefanten kämpfen. Man wollte herausfinden, welches von beiden das stärkere Tier sei. Doch angeblich floh der Elefant vor dem wüst schnaubenden Nashorn, zum Kampf kam es somit gar nicht. Später wollte Manuel I. das Nashorn dem Papst als Geschenk zukommen lassen. Auf dem Transport nach Rom sollen Schiff und Nashorn im Tyrrhenischen Meer untergegangen sein. So will es jedenfalls die Anekdote.
Avenida da India
Bahnhof: Belém
Di–So 10–17 Uhr
Eintritt 400 Esc.

Ganz gewiß: Die vielgestaltige Museumslandschaft zählt zu den starken Seiten Lissabons. Der Besucher darf funkelnde Highlights erwarten.

Will man sich aktuell informieren und anregen lassen, besorgt man sich im Verkehrsamt oder an den Rezeptionen der Hotels am besten die kostenlose, monatlich erscheinende Broschüre »Agenda Cultural«, die von der Stadt Lissabon herausgegeben wird. Darin finden sich Beschreibungen, Öffnungszeiten, Adressen und Preise der wichtigsten Museen. Die Eintrittspreise reichen von kostenlos bis etwa 400 Escudos. An manchen Tagen ist der Eintritt frei. Die meisten Museen sind am Montag geschlossen. Gar nicht selten kommt es übrigens vor, daß das eine oder andere Museum kurzfristig zur Renovierung geschlossen oder der Museumsbestand für eine Spezialausstellung umgruppiert oder ausgetauscht wird. In den meisten Museen sind die Erläuterungen nur in portugiesischer Sprache abgefaßt – schade.

Über vierzig Museen

Generell wird zwischen National- und Privatmuseum unterschieden. Sie widmen sich der Alten wie der Modernen Kunst, der Marine, der Kolonialgeschichte, der Völkerkunde, den Marionetten, Kacheln (Azulejos), Trachten, Kutschen, selbst der Feuerwehr, der Post, der Militärgeschichte, der Wasserversorgung oder dem Heiligen Antonius. Da die Stadt über mehr als 40 Museen verfügt, haben wir für Sie eine Auswahl zusammengestellt.

Moderne Kunst ziert den Gulbenkian-Park

Das Azulejomuseum zeigt seine Schätze im Convento da Madre de Deus

Museen

Museu d´Água de Manuel da Maia
Das seit 1987 bestehende Museum ist nach dem Architekten des Aqueduto das Águas Livres in Lissabon benannt. Es dokumentiert die Geschichte der Wasserversorgung Lissabons. In einer Maschinenhalle stehen vier große Dampfpumpen. Erläuterungen zu historischen Wassertransportsystemen, Darstellungen zu alten Brunnenanlagen und Aquädukten runden die Sammlung ab.
Rua do Alviela 12
Bahnhof: Santa Apolónia
Di–Sa 10–12.30, 14–17 Uhr

Museu Antoniano ■ E5
Das kleine Museum widmet sich der Verehrung des Heiligen Antonius, des Schutzheiligen von Lissabon. Zu sehen sind Statuen des Wundertäters, Gemälde, Kupferstiche, Wandteller und Briefmarken mit Szenen aus dem Leben des Heiligen.
Largo de Santo António à Sé 24
Metro: Rossio
Di–So 10–13, 14–18 Uhr

Museu de Arte Moderna
Der 1983 eröffnete, originell begrünte und konzipierte Neubau im Gulbenkian-Park beherbergt Werke zeitgenössischer portugiesischer Künstler. Häufig finden Spezialausstellungen zu wechselnden Themen statt. Der etwa 7 ha große Park dient als Freilichtmuseum für moderne Plastiken (Werke von Henry Moore u.a.).
Rua Dr. Nicolau Bettencourt/Gulbenkian-Park
Metro: São Sebastião
Di–So 10–17 Uhr. An Nationalfeiertagen geschlossen

Museu de Arte Popular
Äußerst empfehlenswert. Fünf Säle zeigen Objekte aus dem portugiesischen Land- bzw. Volksleben, aufgeteilt nach Regionen und Provinzen. Viel traditionelles Kunsthandwerk und Gegenstände aus dem ländlichen Leben: Kirchenschmuck und alte Ochsenkarren, Kutschen, Taschenmesser, Sonnenuhren aus Granit, Öllampen, Bauernmöbel, Trachten, Pfeifen, Musikinstrumente. Leider gibt es nur spärliche Erläuterungen – und die nur in portugiesischer Sprache.
Avenida de Brasilia
Bahnhof: Belém
Di 14–18, Mi, Fr, So 10–18, Do und Sa 10–19 Uhr

Museu de Artilharia (Militar)
In einem klassizistischen Gebäude aus dem 18. Jh. wird vorgeführt, was militärischer Erfindergeist an »Errungenschaften« hervorgebracht hat: Streitkolben und Gewehre, Schwerter und Armbrüste, Kanonen über Kanonen. Decken- und Wandgemälde glorifizieren Schlachten, Heerführer und militärische Operationen.
Largo do Museu da Artilharia
Bahnhof: Santa Apolónia
Di–Sa 10–16, So 11–17 Uhr

Museu Calouste Gulbenkian
Das renommierte Kunstmuseum liegt zusammen mit dem **Museu de Arte Moderna** sowie diversen Theater-, Konzert- und Konferenzsälen im Gulbenkian-Park. Seit 1969 werden hier die reichhaltigen Sammlungen des 1955 verstorbenen Erdölmagnaten Calouste Sarkis Gulbenkian gezeigt. Sie umfassen ein sehr breites Kunstspektrum mit Objekten aus vielen Epochen: altägyptische, orientalisch-islamische, griechische, römische Kunst, Gemälde (14.–19. Jh.) aus europäi-

schen Ländern – darunter Werke von Rubens, Van Dyck, Rembrandt, Monet, Renoir, Rodin u. a. –, Jugendstilkunst. Guter Katalog. Der reichhaltigen Sammlung sollte man mindestens einen halben Tag widmen. Ein Restaurant lockt mit preiswerten, delikaten Imbissen.
Avenida de Berna 45
Metro: Palhavã
Di–So 10–17 Uhr. An Nationalfeiertagen geschlossen

Museu Etnográfico de Ultramar ■ D 3
Das Völkerkundemuseum mit Exponaten aus den ehemaligen portugiesischen Kolonien, insbesondere aus Angola, Moçambique und von den Kapverdischen Inseln, zeigt Musikinstrumente, kultische Figuren, Kopfschmuck, Watten, Trommeln, Masken, Pfeifen aus Kalebassen, Elfenbeinschmuck. Das im Gebäude der Geographischen Gesellschaft in einem Hörsaal untergebrachte Museum wird derzeit neu geordnet. Daher sind die angegebenen Öffnungszeiten nicht verbindlich.
Rua Portas de Santo Antão 100
Metro: Restauradores
Mo, Mi, Fr 11–15 Uhr

Museu da Marinha
In dem Neubau mit mehreren großen Schausälen ist vor allem das Zeitalter der portugiesischen Seefahrer dokumentiert: Schiffsmodelle der Weltumsegler, die Routenkarte des Vasco da Gama, Navigationsinstrumente, Gemälde der großen Admirale, Nachbildungen historischer Schiffe, Uniformen, Steuerruder, Schatztruhen, Weltkugeln. Die chronologisch aufgebaute Sammlung reicht aber bis zu den Unterseebooten, Schlacht- und Handelsschiffen dieses Jahrhunderts. In einer Halle sind Originalboote aus mehreren Jahrhunderten ausgestellt. Das Museum bietet genügend Stoff für einen dreistündigen Besuch. Einige Erläuterungen auch in englisch und französisch.
Praça do Imperio
Bahnhof: Belém
Di–So 10–18 Uhr

Museu Nacional de Arqueologia
Hier sind Objekte aus prähistorischer und römischer Zeit, keltischer Goldschmuck, ägyptische Sarkophage, Münzen, Medaillen und ähnliches zu bewundern.
Praça do Imperio
Bahnhof: Belém
Di–So 10–12, 14–17 Uhr

Museu Nacional de Arte Antiga ■ A 5
Eines jener glänzenden Höhepunkte in der Museumslandschaft. Seit 1884 ist das Nationalmuseum für Alte Kunst in diesem Palast aus dem 17. Jh. dort zu Hause. Auf vier Etagen werden Exponate aus dem 14. bis 19. Jh. präsentiert. Die thematische Ausrichtung der einzelnen Abteilungen wird gelegentlich verändert. Neben wechselnden Spezialausstellungen sind die Schwerpunkte: Kunst und Handwerk aus den ehemaligen portugiesischen Kolonien, Porzellan, historische Möbel, Gobelins, Gold- und Silberschmuck, Skulpturen. Hochinteressant sind auch die Abteilungen der europäischen Malerei des 14.–19. Jh. mit Werken von Dürer, Holbein, Pieter Breughel, Velázquez, Cranach, Courbet u.a. Sehr beeindruckend ist vor allem Hieronymus Boschs »Versuchung des Heiligen Antonius«. Mindestens einen halben Tag Zeit einplanen.
Rua das Janelas Verdes 95
Bahnhof: Santos
Di 14–18, Mi, Fr, So 10–18, Do und Sa 10–20 Uhr

Museu Nacional do Azulejo
Die große Museumsattraktion ist im Renaissance-Kreuzgang und in weiteren Räumen des Klosters **Convento da Madre de Deus** (→ Sehenswertes) untergebracht. Mit vielen Originalstücken ist die Geschichte der Kacheln (Azulejos) ab dem 15. Jh. dokumentiert. Neben maurischen Kacheln mit typischen Ornamentmustern sind mehrere Kachelwandbilder zu sehen; eines zeigt die Ansicht von Lissabon vor dem großen Erdbeben von 1755, andere Motive von der Schweinsjagd, betende Mönche, Engel, gnomige Fabelwesen, Landschaftsidyllen. Planen Sie mindestens drei Stunden Zeit ein. Auch die Cafeteria mit Terrasse ist schön mit Azulejos gestaltet.

TopTen 7

Convento da Madre de Deus
Rua da Madre de Deus 4
Di 14–18, Mi–So 10–18 Uhr

Museu Nacional dos Coches
In einer großen Halle sind Nobelkarossen aus den Epochen vor der Automobilisierung ausgestellt: Prozessions-, Hochzeits- und Reisekutschen, allesamt bis zur Dekadenz verziert, vergoldet, verschnörkelt – Zeugen der Prunksucht der höheren Kreise des 16.–18. Jh. Der Gipfel: die drei Staatskarossen, die sich der Marquês de Fontes, Botschafter beim Heiligen Stuhl in Rom, 1716 für seinen Antrittsbesuch anfertigen ließ. Außerdem Reiseutensilien der Aristokratie, historische Uniformen für Kutscher, Gemälde etc. Leider nur sehr oberflächliche Erklärungen, meist in Portugiesisch.
Praça de Afonso de Albuquerque
Bahnhof: Belém
Di 14–18, Mi, Fr, So 10–18, Do und Sa 10–19 Uhr

Museu Nacional do Teatro
Ausgestellt sind Kostüme, Bühnenrequisiten, Manuskripte, Schallplatten, historische Programmhefte und

Luxuskarossen aus drei Jahrhunderten – Museu Nacional dos Coches

Fotos – eben alles, was irgendwie mit der Geschichte des Theaters zusammenhängt. Das Theatermuseum liegt in unmittelbarer Nähe des Trachtenmuseums am Rand des Parque do Monteiro Mor im Stadtteil Lumiar.
Estrada do Lumiar 10–12
Di 14–18, Mi–So 10–18 Uhr

Museu Nacional do Traje
Das Kleider- und Trachtenmuseum liegt außerhalb des Stadtzentrums im Norden der Stadt. In einem Palastgebäude aus dem 18. Jh. sind historische Textilien, nicht nur Trachten im engeren Sinne, zu sehen: Hüte, Adelskleider, Festgarderobe, Spangenschuhe, seidene und geblümte Westen, Bundhosen. Wechselnde Spezialausstellungen.
Largo Júlio de Castilho/Parque do Monteiro Mor (Lumiar)
Di 14–18, Mi–So 10–18 Uhr

Galerien

Galeria 111
Zeitgenössische Kunst portugiesischer und internationaler Künstler. Wechselnde Spezialausstellungen.
Campo Grande 133 a
Metro: Entre Campos
Tel. 77 74 18

Galeria Sesimbra ■ B 1/C 2
Gobelins, Gemälde, Skulpturen, Keramik. Werke der bedeutendsten portugiesischen Künstler.
Rua Castilho 77
Metro: Rotunda
Tel. 3 87 02 91

Monumental ■ D 2/E 2
Klassische und moderne Kunst. Spezialausstellungen zu wechseln den Themen.
Campo dos Mártires da Pátria 101
Metro: Intendente
Tel. 53 38 48

Der besondere Tip

Museu da Marioneta Das kleine Marionettenmuseum liegt unterhalb des Castelo de São Jorge und wird als Privatmuseum von Theaterleuten und Puppenspielern betreut. Die engagierten Künstler haben ohne staatliche Hilfe eine Ausstellung von rund 500 Marionetten aus vielen Ländern der Welt aufgebaut. Die Truppe der Puppenspieler führt Tourneen durch und bemüht sich, den Museumsbesuchern die Reize des Puppenspiels näherzubringen. Die Marionetten stammen aus Burma, Bali, China, Indonesien, Sizilien, Belgien, Großbritannien, Portugal. Außerdem Dokumente zur Geschichte des Puppenspiels in Portugal. Alles ist sehr liebevoll zusammengestellt. Largo Rodrigues de Freitas 19 (1. Etage), Metro: Rossio, Di–So 11–13, 15–18 Uhr (während der Tourneen geschl.) ■ F 5

Eine typisch Lissabonner Küche ist kaum anzutreffen. Lissabon erfährt man eher als ein kulinarisches Zentrum der portugiesischen Regionalküchen.

Anders als beispielsweise in Spanien geht man in Portugal, auch in Lissabon, relativ früh zum Abendessen **(jantar)**, gewöhnlich ab 20, spätestens gegen 22 Uhr. Vom Frühstück **(pequeno almoço)** dürfen Sie nicht viel erwarten; da pflegt man eher kulinarische Bescheidenheit, nimmt einen Kaffee, vielleicht etwas Gebäck dazu, nicht mehr. Zumindest die großen Hotels haben sich indes auf die Frühstücksgewohnheiten von Mitteleuropäern eingestellt. Hier serviert man in der Regel zum Tee oder Kaffee immerhin Brot, Marmelade, Fruchtsaft, manchmal auch Rührei mit Schinken oder Würstchen.

Viele berufstätige Lissabonner essen zweimal am Werktag eine warme Mahlzeit, wer es sich leisten kann, im Restaurant. Hauptmahlzeit ist ohne Zweifel das Abendessen. Es wird bevorzugt im Kreis von Freunden oder Bekannten eingenommen. Geselligkeit beim Essen und Trinken ist beliebt. Dies gilt zumal fürs Wochenende. Entsprechend groß ist die Zahl der Restaurants, Tavernen oder Bierlokale **(Cerve-**

Liebhaber süßer Backwaren kommen in Lissabon auf ihre Kosten

jarias), vor allem im Bereich der unteren und mittleren Preisklassen.

Exotisches, Fleisch und Fisch

Alle Provinzen des Landes sind in Lissabon kulinarisch vertreten. Dies gilt insbesondere für Spezialitäten aus dem Alentejo und dem portugiesischen Norden. Zudem – eine späte Frucht der Kolonialgeschichte – trifft man auch auf Restaurants, in denen Gerichte von den Kapverdischen Inseln, aus Moçambique, Angola, Brasilien oder Goa aufgetischt werden.

Die teureren Restaurants bieten neben einigen portugiesischen Spezialitäten internationale und französisch inspirierte Gerichte an. Im mittleren und unteren Preisbereich konzentriert man sich gewöhnlich auf eine ziemlich überschaubare Zahl von einfachen Gerichten, die aus den ländlichen Regionen Portugals stammen. An erster Stelle rangiert dabei die Präsentation von Fisch oder Fleisch. Phantasievoll angemachte Salate oder schonend zubereitetes Gemüse gehören nicht gerade zum Repertoire der meisten Restaurants.

Unter den Fleischspeisen dominiert das Steak **(bife)**, das oft mit einem Spiegelei serviert wird. Bei den Fischen mit Abstand am beliebtesten ist der Stockfisch (gesalzener oder gedörrter Kabeljau) in etlichen Variationen, es folgen Sardinen, Tintenfisch, Seehecht, Schwertfisch, Thunfisch oder Seezunge. Wer es sich leisten kann, gönnt sich die teureren Meeresfrüchte (Hummer, Austern, Riesenkrabben).

Die Figur über dem Eingang des A Brasileira zeigt, was man hier bestellt

Generell überwiegen die deftigen, rustikalen, sättigenden Gerichte ohne gesteigertes Raffinement. Typische Gerichte sind etwa Reis mit Meeresfrüchten **(arroz de marisco)**, Fischsuppe **(caldeirada)**, Nieren- und Lebergerichte, Schweinefleisch mit Muscheln **(porco alentejano)**, Gemüseeintopf **(cozido à portuguesa)**, Bohneneintopf **(feijoada)** oder Variationen der **Açorda**, ein Brotbrei, gemischt mit einem rohen Ei, Koriander, Knoblauch, Meeresfrüchten oder Schweinefleisch. Dazu trinkt man Bier oder Wein, vornehmlich aus den portugiesischen Anbaugebieten Dão, Douro, Ribatejo u.a.

Touristenmenü, Süßes und Deftiges

Das Gesetz zwingt jedes Restaurant, ein spezielles, meist preiswertes Touristenmenü **(ementa turistica)** öffentlich anzubieten. Doch Vorsicht: So günstig der Preis, so mittelmäßig ist zumeist die kulinarische Dimension dieses Menüs – als absolviere hier der Koch ein leidiges Pflichtprogramm. Da lohnt es sich eher, ein paar Escudos mehr für ein am Ende wirklich überzeugendes Mittag- oder Abendessen zu investieren. Und noch ein Hinweis: Viele Restaurants servieren vor dem Essen, ohne daß man es eigens bestellt hat, ein Ouvert. Das sind diverse Appetitanreger, die extra berechnet werden. Sie können manchmal durchaus schmackhaft, wirklich appetitanregend und ihr Geld wert sein. Oft wird aber auch Allerweltsware (Butter oder eine konservierte Käsecreme aus der Plastikpackung, bittere Oliven oder nicht eben frisches Weißbrot) serviert, die überteuert berechnet wird. Da verzichtet man besser auf ein Ouvert.

Neben süßen Industrieprodukten werden manchmal auch von einfacheren Restaurants hausgemachte Desserts angeboten; danach sollten Sie fragen. Gelegentlich wird auch eine Auswahl an Käse bereitgehalten: Sehr aromatisch ist der Rohmilchkäse aus der Serra de Estrêla. Generell stark, aromatisch und wohlschmeckend ist der Kaffee, zumal der Espresso **(bica)**.

Hinweise auf originelle und bessere Restaurants enthält die Wochenzeitung **SE7E** (leider nur in Portugiesisch). Freunde des Portweins können im staatlichen Portweininstitut (→ Solar do Vinho do Porto) zwischen rund 250 Marken wählen.

Weine und Spiritousen

Als äußerst beliebter Begleiter von Meeresfrüchten und Fischgerichten gilt der **Vinho Verde** (= junger oder grüner Wein). Dieser frische, alkoholarme, oft leicht säuerliche Wein stammt aus dem Norden Portugals; er moussiert leicht und sollte unbedingt jung, möglichst im ersten Jahr nach der Herstellung, und gut gekühlt getrunken werden. Ein beliebter Dessertwein ist der **Moscatel de Setúbal**, der aus den südlich von Lissabon, nahe der Stadt Setúbal, kultivierten Muskatellertrauben gekeltert wird.

Zu den beliebtesten Schnäpsen zählen der meist aus dem südlichen Portugal stammende **Medronho** (er wird aus den reifen Früchten des Erdbeerbaums hergestellt), der **Bagaço** (ein Trester) oder **Aguardente de Cana** (ein Zuckerrohrschnaps).

Die bekannteste Biersorte ist das helle »Sagres«.

Preisklassen

Die Preise beziehen sich jeweils auf ein Menü ohne Getränke und Trinkgeld.

Luxusklasse: ab 5 000 Esc.
Obere Preisklasse: ab 3 000 Esc.
Mittlere Preisklasse: ab 2 000 Esc.
Untere Preisklasse: ab 1 000 Esc.

Cafés

Antiga Confeitaria de Belém
Das interessanteste und älteste Café im Stadtteil Belém wurde 1837 gegründet. Von der großen Tradition zeugen sehr schöne alte Kacheln mit Motiven von Pflanzen, Schiffen, Tieren, Personen; jede der handbemalten Kacheln zeigt Motivvariationen. 510 Sitzplätze verteilen sich auf mehrere Räume. Gemischtes Publikum: Hausfrauen, Schüler, Touristen, Pärchen und Freundeskreise. Die Spezialität neben Kuchen, Snacks, Süßspeisen, heißen Getränken: kleine, runde, kaloriengeladene Sahneküchlein **(Pasteis de Nata)**, man bestreut sie vor dem Verzehr mit Zimt und Puderzucker.
Rua de Belém 84–92
Bahnhof: Belém

Café A Brasileira ■ D 5
Das Traditionscafé direkt am Largo do Chiado besteht seit 1922. Ehemals beliebter Treff von Literaten, Journalisten, Künstlern und Lebenskünstlern. Draußen auf der Terrasse steht ein Bronzedenkmal für Fernando Pessoa. Im Innern: holzgetäfelte Wände, Spiegel, Tische aus Gußeisen mit Marmorplatten, Wandgemälde. Im Sommer herrscht hier erheblicher Touristenbetrieb. Guter Kaffee **(bica)**, mäßiges Essen.
Rua Garrett 120
Metro: Rossio
Tgl. 7.30–2 Uhr

Café Nicola ■ D 4
Das berühmte Café direkt am Rossio besteht in dieser Form seit 1929 und war früher ebenfalls ein Treffpunkt von Künstlern, Literaten und Bohemiens. Drinnen erinnern eine Statue und ein Wandbild an den Dichter Manuel Barbosa du Bocage, der im alten Nicola Ende des 18. Jh. verkehrt hatte. Schöne Terrasse, beliebt bei Touristen.
Rossio 24–25
Metro: Rossio

Nicola, das Traditionscafé am Rossio

Casa Chineza ■ D 4/D 6
Traditionelles Kaffee- und Teehaus in zentraler Lage in einer Seitenstraße des Rossio mit nobler Einrichtung und diversen Kaffeesorten im Sortiment. Im Vorderraum trinkt man Kaffee, hier wird auch Gebäck verkauft. Im hinteren Raum treffen sich unter einem alten Steingewölbe die Teetrinker.
Rua Aurea 274–278
Metro: Rossio

Cerca Moura ■ F 5
Attraktive Lage nahe dem Aussichtspunkt Santa Luzia. Große Terrasse. Gutes Angebot an Süßspeisen, Snacks und Erfrischungsgetränken. Die Straßenbahnlinie 28 hält direkt vor dem Haus.
Largo Portas do Sol 4

Confeitaria Nacional ■ E 4
Das zentral gelegene Traditionscafé ist ein beliebter Treffpunkt von Einheimischen und Touristen.
Gute Auswahl an Getränken und Kuchen.
Praça da Figueira 18 B/C
Metro: Rossio

Pastelaria Bénard ■ D 5
Traditionscafé mit vornehmer Inneneinrichtung. Gebäck und Kuchen sind erste Wahl. Im hinteren Raum wird ein gepflegtes Restaurant unterhalten.
Rua Garrett 104
Metro: Rossio

Pastelaria Versailles
Vornehmes Café für die besseren Kreise oder für den, der sich dazu zählt. Damenkränzchen und vornehme Herren verkehren hier. Edles Gebäck, exquisite Torten und Kuchen. Etwas außerhalb des Stadtzentrums gelegen.
Avenida da República 15
Metro: Saldanha

DER BESONDERE TIP

Cervejaria da Trindade In diesem großen beliebten Bierlokal im Stadtzentrum herrscht eine rundweg volkstümliche Atmosphäre. Eine Schmausestätte für Gruppen, Familien mit Kindern, Bürger aller Einkommensklassen, Touristen. Beeindruckend: die Originalkacheln von Luis Ferreira aus der zweiten Hälfte des 19. Jh., darunter Allegorien der vier Jahreszeiten und ein Kachelmotiv von drei Mönchen, die sich mit andächtig-verzückter Gebärde dem Biergenuß hingeben. Das heutige Bierlokal umfaßt das Refektorium und den Kreuzgang des ehemals hier existierenden Trindade-Klosters. Flinke, aufmerksame Bedienung. Man ißt hier Meeresfrüchte oder einfache, deftige Fleischgerichte. Keine kulinarischen Meisterleistungen, aber die gute Stimmung und das Sagres-Bier sorgen für Wohlbefinden. Rua Nova da Trindade 20, Metro: Rossio, Tel. 3 42 35 06, Tgl. 12–1.30 Uhr ■ C 5

Biergenuß in alten Klosterräumen: Cervejaria da Trindade

Portweininstitut

Solar do Vinho do Porto ■ C4

Das Portweininstitut ist in einem restaurierten Gewölbekeller des 1747 errichteten Palácio Ludovice untergebracht. Für die kühle, ungemütliche Kunstlichtatmosphäre entschädigt das unglaubliche Angebot: Etwa 250 verschiedene Portweine kann man hier glasweise verkosten – einfache weiße und rote Ports, aber

TopTen 9

auch alte und sehr alte Jahrgangs-Portweine. Die Preise reichen von 120 Esc. pro Glas bis 20 000 Esc. pro Flasche. Große Rarität: ein Glas Ramos Pinto von 1937 für 2 300 Esc.! Im Angebot sind auch Fachbücher zum Thema Portwein.

Rua de São Pedro de Alcântara 45

Metro: Restauradores

Mo–Fr 10–23.30, Sa 11–23.30 Uhr

Die Portwein-Auswahl läßt Kennerherzen höher schlagen

Restaurants

Bachus ■ C4

Spitzengastronomie für ein vermögendes Publikum: internationale Spezialitäten und eine ausgezeichnete Auswahl an Weinen und Spirituosen. Die stilvoll eingerichtete Bar birgt viele hochprozentige Raritäten.

Largo da Trindade Coelho 9

Metro: Rossio

Tel. 3 42 28 28 und 3 42 12 60

Luxusklasse

Bota Alta ■ C4

Beliebtes und daher oft überfülltes Lokal im Bairro Alto. Man sitzt an kleinen Tischen eng beieinander. Der Clou sind die bunten, originellen Wanddekorationen mit Gemälden, Zeichnungen, persönlichen Widmungen an den Koch und einer Vielzahl von Porzellan- und Keramikstiefeln (Bota Alta). Fachkundig zubereitete Fisch- und Fleischgerichte und hausgemachte Süßspeisen. Am Wochenende viele Touristen. Auch viele Gäste aus der örtlichen Kulturszene.

Travessa da Queimada 35

Metro: Restauradores

Tel. 3 42 79 59

Reservierung erforderlich, Sa und So geschl.

Mittlere Preisklasse

Brasuca ■ C4

Gemütliches Lokal im Bairro Alto. Hier gibt es brasilianische Spezialitäten, denn der Besitzer ist Brasilianer. Zivile Preise.

Rua João Pereira da Rosa 7

Metro: Restauradores

Tel. 3 42 85 42

Mo geschl.

Mittlere Preisklasse

Casa do Alentejo ■ D3

Das Restaurant in der wunderschönen **Casa do Alentejo** (→ Sehens-

wertes) gehört zum Kulturzentrum der in Lissabon lebenden Alentejaner. Das Restaurant, spezialisiert auf Gerichte aus dem Alentejo, steht aber auch anderen Gästen offen. Das Essen ist preiswert; es dominieren Hausmachergerichte. Die Portionen sind groß bemessen. Wechselnde Tagesgerichte mit Fisch und Fleisch. Den Speisesaal im 1. Stock zieren Azulejos mit Motiven aus dem Alentejo (Volksfeste, Ochsengespanne, Musikkapellen, Marktszenen). Von den Tischen, die an der Fensterreihe stehen, blickt man auf den sehr schönen, von maurischer Architektur inspirierten Innenhof. Es werden keine kulinarischen Meisterleistungen geboten, aber die originelle Atmosphäre ist einmalig.
Rua das Portas de Santo Antão 58
Metro: Restauradores
Tel. 3 46 92 31, 3 47 50 54
So geschl. Im August gewöhnlich Betriebsferien
Untere Preisklasse

Casa da Comida ■ B 1
Spitzenrestaurant mit schöner glasüberdachter Terrasse. Angenehme Atmosphäre, persönliche Bedienung, gepflegter Tischschmuck. Französisch beeinflußte Gerichte, exzellente Fischspezialitäten, in der Saison Wildgerichte. Auch klassische portugiesische Gerichte erster Güte werden angeboten.
Travessa das Amoreiras 1
Metro: Rotunda
Tel. 3 88 53 76
Reservierung erforderlich.
So geschl.
Obere Preisklasse

Casa do Leão ■ E 4/E 5
Das »Haus des Löwen« wurde mit großem Aufwand in den historischen Gebäuden auf dem Burgberg des **Castelo de São Jorge** (→ Sehenswertes) eingerichtet. Großer Speisesaal mit Gewölbedecken und alten Kacheln (Azulejos). Hier speisen auch Hochzeitsgesellschaften, Kongreß- und Festgäste aller Art. Die Terrasse bietet einen grandiosen Blick auf den Tejo und das Zentrum Lissabons.
Castelo São Jorge
Metro: Rossio
Tel. 8 87 59 62, 8 88 01 54
Reservierung für Gruppen erforderlich
Tgl. 12.30–15.30 Uhr
(nur Mittagessen)
Obere Preisklasse

Casa Transmontana ■ D 4
Einfaches Lokal mit volkstümlicher Atmosphäre. Spezialitäten sind Gerichte aus dem portugiesischen Norden: Eintöpfe, kräftige Fleischgerichte, Suppen, Käse, Schinken.
Calçada do Duque 39
Metro: Rossio
Tel. 32 03 00
Sa und So Mittag geschl.
Untere Preisklasse

Cervejaria Portugália
Selten finden Touristen hierher. Das bei den Einheimischen äußerst beliebte Bierlokal liegt außerhalb des Stadtzentrums an der Ausfallstraße, die zum Flughafen führt. Volkstümliches Ambiente in mehreren Sälen auf zwei Etagen. Neun Biersorten werden hier ausgeschenkt. Dazu verzehrt man Meeresfrüchte oder Steaks mit Buttersauce und einem Spiegelei. Am Wochenende herrscht Hochbetrieb. Die Wände zieren Azulejos mit Motiven von der Hirsch-, Reh- und Wildschweinjagd.
Avenida Almirante Reis 117
Metro: Arroios
Tel. 52 00 02
An Feiertagen geschl.
Mittlere Preisklasse

Chapitô
(→ Mit Kindern unterwegs, Der Besondere Tip, S. 81)

Cota d'Armas ■ F 5
Stilvolles, anspruchvolles Restaurant in einem historischen Gebäude im Zentrum der Alfama. Spezialitäten: Steaks, gedünsteter Schellfisch, Meeresfrüchte. Geschmackvolle Inneneinrichtung. Gelegentlich Musikdarbietungen.
Beco de São Miguel 7
Tel. 8 86 86 72
Bis 2 Uhr geöffnet
Obere Preisklasse

Entricoma
Etwas außerhalb des Zentrums im vornehmen Stadtviertel Lapa gelegen. Zwei kleinere mit schönen Azulejos ausgestattete Eßsäle. Die Spezialität dieses gewöhnlich mehr von Einheimischen besuchten Restaurants sind rustikale Fleischgerichte nach Rezepten aus dem Norden Portugals. Gemütliche Atmosphäre, nur wenige Tische. Beachtliches Sortiment an Weinen.
Rua das Janelas Verdes 96
Tel. 3 97 54 01
Mittlere Preisklasse

Espelho D'Água
Wer den Stadtteil Belém mit seinen zahlreichen Sehenswürdigkeiten besucht, sollte in diesem Lokal einkehren. Seine Lage ist einzigartig. Restaurant und Terrasse sind auf drei Seiten von Wasser umgeben. Blick auf den Tejo und den Padrão dos Descobrimentos (→ Sehenswertes). Viele Geschäftsleute, Touristen und Beamte der oberen Etagen verkehren hier. 17 verschiedene Vorspeisen, Fleisch-, Fisch- und Entengerichte stehen auf der Karte. An Sommerabenden ist die Terrasse ein idealer Ort für den Genuß einer Flasche Vinho Verde.
Avenida Brasilia, Edificio Espelho D'Água
Bahnhof: Belém
Tel. 3 01 73 73, 3 01 21 04
Reservierung erforderlich, Sa und So geschl.
Obere Preisklasse

Faz Figura
Oberhalb des Bahnhofs Santa Apolónia am Fuß des Stadtviertels Alfama gelegen. Keine kulinarischen Spitzenleistungen, aber solide zubereitete portugiesische Traditionsgerichte aus den diversen Landesteilen. Von den Fensterplätzen und von der Terrasse bietet sich ein grandioser Blick auf den Tejo.
Rua do Paraiso 15 B
Tel. 86 89 81
Tgl. außer So
Mittlere Preisklasse

Gambrinus ■ D 3/D 4
Traditionslokal für hohe kulinarische Ansprüche. Hier wird Exklusivität, fast Clubcharakter, für ein wohlhabendes Publikum gepflegt. Dennoch sind die gastronomischen Leistungen im Verhältnis zu den Preisen reell. In der Saison: vorzügliche Wildgerichte (Fasan, Taube, Wildschwein). Diverse Spezialitäten mit Meeresfrüchten (Langusten, Hummer, Riesenkrabben). Aus kulinarischer Sicht eines der besten Restaurants der Stadt.
Rua das Portas de Santo Antão 23–25
Metro: Restauradores
Tel. 32 14 66
Reservierung erforderlich
Luxusklasse

Monte Cara ■ A 2, B 2
Lokal mit Kellerdiskothek und gelegentlicher Live-Musik. Spezialitäten: diverse Gerichte der Kapverdischen Inseln, z.B. **Caçhupa**, das kapverdische Nationalgericht. Wird von Afri-

kanern aus der portugiesischen Ex-Kolonie Cabo Verde geführt. Im Amoreiras-Viertel.
Rua do Sol ao Rato 71
Metro: Avenida
Tel. 68 87 38, 3 88 87 38
Reservierung erforderlich, Mo und Di geschl.
Mittlere Preisklasse

Primeiro Capítulo ■ A 4/A 5
Kleines Restaurant auf gehobenem kulinarischen Niveau; mehrfach mit gastronomischen Preisen ausgezeichnet. Französisch beeinflußte Küche: Lammgerichte, Gratins, Schnecken-Spezialitäten. Kühles, modernistisches Interieur. Aufmerksamer Service.
Rua de S. João da Mata 42 (Lapa)
Bahnhof: Santos
Tel. 3 95 32 30
Reservierung erforderlich, Sa nur abends geöffnet, So geschl.
Mittlere Preisklasse

Sua Excelência
Intimes, anspruchsvolles Restaurant im vornehmen Stadtteil Lapa. Hier regiert der mehrsprachige Herr Queiroz das Geschehen und überrascht seine Gäste nicht selten mit kulinarischen Einfällen. Eine Speisekarte ist nicht üblich, empfehlenswert ist, was der Hausherr vorschlägt. Fisch-, Fleisch- und Geflügelgerichte nach oft traditionellen, originellen Rezepten. Beachtliche Koriandersuppe, umfassendes Käse- und Weinangebot.
Rua do Conde 40–42
Bahnhof: Santos
Tel. 60 36 14
Reservierung erforderlich, Sa und So mittags geschl.
Mittlere Preisklasse

Taberna Caldeiro ■ A 1/B 1
Das urige Restaurant liegt gegenüber dem Aqueduto das Águas Livres (→ Sehenswertes). Stilvoll-gemütliche Inneneinrichtung wie in einer alten Taverne. Drei kleine Speiseräume, alle mit altem Steinfußbo-

Gediegen-barockes Ambiente bietet das altehrwürdige Tavares

den, schwarzen Holzdecken, Gemälden an den Wänden, Holztischen. Portugiesische Spezialitäten: guter Schafkäse, Ente mit Reis, Lebergerichte, Kapern-Mayonnaise als Vorspeise. Die angenehm-rustikale Einrichtung überzeugt ohne Einschränkungen, die Zubereitung des Essens läßt zu wünschen übrig.
Auch die Bedienung macht mitunter einen etwas hilflosen Eindruck.
Rua das Amoreiras 47
Tel. 3 87 49 00
Mittlere Preisklasse

Tavares ■ C 4
Auch **Tavares Rico** genannt. Angeblich das älteste und aristokratischste Restaurant der Stadt. 1784 als »Talão« gegründet, mit Beginn des 19. Jh. nach den beiden Eigentümern Tavares benannt. Pompöse Ausstattung mit schweren Lüstern, Stuckdecken, Statuen und Spiegeln. Internationale Gerichte für ein Publikum, das gern in Luxus schwelgt.
Rua da Misericórdia 35–37
Metro: Rossio
Tel. 3 42 11 12
Sa und So geschl.
Luxusklasse

Tavares Self Service ■ C 4
Wenig bekannt, aber sehr empfehlenswert. Das berühmte und teure Luxusrestaurant **Tavares** hat in der 1. Etage des gleichen Hauses ein Selbstbedienungslokal eingerichtet, in dem man überraschend preiswert und gut essen kann. Wechselnde Tagesgerichte, herrliche Salate, kaltes Buffet. All diese Speisen kommen aus der Küche des Tavares. Vor allem die Salate sind äußerst köstlich; zu empfehlen auch das schonend zubereitete Gemüse. Für weniger als 1 000 Esc. speist man nach Herzenslust. Leider gibt es nur 15 Tische, außerdem ist es nur zwei Stunden pro Werktag geöffnet. Manchmal überfüllt. Viel Stammpublikum.
Rua da Misericórdia 35–37
(1. Etage)
Metro: Rossio
Tel. 3 42 89 42
Sa, So geschl., werktags nur von 12–14 Uhr
Untere Preisklasse

A Travessa
Kleines, gemütliches Lokal, in dem zwei Portugiesinnen französisch inspirierte Arrangements kochen. Ein Tip für alle, die eine Alternative zur portugiesischen Traditionsküche suchen und einmal wieder frische Salate und richtig zubereitetes Gemüse essen möchten. Wechselnde Tagesgerichte, darunter auch Couscous, Salat, Ratatouille, orientalischer Salat, delikate Pasteten. Dezente Musik und gepflegtes Ambiente für ein Kennerpublikum. Interessante Weinkarte mit allein 30 Rotweinen.
Travessa das Inglesinhas 28 (nicht zu verwechseln mit der Travessa dos Inglesinhos)
Tel. 60 20 34
Reservierung erforderlich, Sa und So geschl.
Mittlere Preisklasse

Terraço do Monteiro-Mor
Spitzenrestaurant im Monteiro-Mor-Park. Wunderschöne Terrasse mit Blick auf die kleine, üppige Parkanlage. Internationale Gerichte mit hohem Standard. Erstklassiger Service. Weit außerhalb des Zentrums im nördlichen Stadtteil Lumiar gelegen. Nur Mittagessen.
Largo Julio Castilho
Tel. 7 58 58 52
Reservierung erforderlich
Luxusklasse

Eßdolmetscher

A

à brasa: vom Holzkohlegrill
abacate: Avocado
açucar: Zucker
água mineral (com/sem gás): Mineralwasser (mit/ohne Kohlensäure)
aguardente: Branntwein
aguardente velha: alter Branntwein
alcachofras: Artischocken
alho: Knoblauch
alho frances: Porree
almoço: Mittagessen
alperces: Aprikosen
ameijõas: Herzmuscheln
ameixa: Pflaumen
arroz: Reis
assado: Braten
atum: Thunfisch
avelãs: Haselnüsse
aves: Geflügel
azeite: Öl
azeitonas: Oliven

B

bacalhau: Stockfisch
bagaço: klarer Branntwein
batatas: Kartoffeln
bebidas: Getränke
beringelas: Auberginen
bife: Steak
biscoitos: Gebäck
bolo: Kuchen
broa: Maisbrot

C

caça: Wild
café com leite: Milchkaffee
café, bica, cimbalino, espresso: Espresso
caldeirada: Fischeintopf
caldo verde: Grüne Kohlsuppe
camarões: Krabben
caracois: Schnecken
caranguejos: Taschenkrebse
carapau: Stichling
carne: Fleisch
– picada: Hackfleisch
cebola: Zwiebel
cerejas: Kirschen
cerveja: Bier
– branca: helles Bier
– preta: dunkles Bier
– de barril: vom Faß
chá: Tee
champanhe: Schaumwein
chavena: Tasse
chouriço: Dauerwurst
cordorniz: Wachtel
coelho: Kaninchen
cogumelos: Pilze
colher: Löffel
conta: Rechnung
copo: Glas
cordeiro: Lamm
couveflor: Blumonkohl
cozido: gekocht, Gemüse- und Fleischeintopf
crustáceos: Krustentiere

E

ementa: Speisekarte
empada: Pastete
empregado: Kellner
escalope: Schnitzel
espadarte: Schwertfisch
espinafres: Spinat

F

faca: Messer
faisão: Fasan
feijoada: Bohneneintopf mit Fleisch
fiambre: Schinken (gekocht)
figado: Leber
framboesas: Himbeeren
frango: Hähnchen
frito: gebraten
fruta: Früchte

G

galinha: Huhn
gambas: Krabben

garfo: Gabel
garrafa: Flasche
gelado: Eis
– *com chantili:* mit Sahne
grelhado: gegrillt
groselho: Johannisbeere
guardanapo: Serviette
guisado de vaca: Rinderschmorbraten

J

jantar: Abendessen
jardineira: Beilage aus Gemüse
jarro: Krug
javali: Wildschwein

L

lagosta: Languste
laranja: Orange
laranjada: Orangeade
lavagante: Hummer
lebre: Hase
legumes: Gemüse
leitão: Spanferkel
leite: Milch
licor: Likör
limonada: Zitronenlimonade
linguado: Seezunge
lista de vinhos: Getränkekarte
lula: Tintenfisch

M

maça: Apfel
mal passado: medium
manteiga: Butter
mariscos: Krustentiere
mel: Honig
melancia: Wassermelone
melão: Honigmelone
mostarda: Senf

N

nata: Sahne
no espeto: am Spieß
nós moscada: Muskatnuß

O

omelete: Omelette
ovo: Ei

Meeresfrüchte gehören in der Hafenstadt Lissabon natürlich fest zum Speiseplan

P

pá de borrego: Hammelkeule
pão: Brot
– *integral:* Vollkornbrot
– *meado:* Mischbrot
– *oscuro:* Schwarzbrot
palito: Zahnstocher
passas (de uva): Rosinen
pasteis: Törtchen, Pasteten
pato: Ente
peito: Brust
peixe: Fisch
pequeno almoço: Frühstück
pêra: Birne
perdiz: Rebhuhn
perna: Keule
peru: Truthahn
pescada: Schellfisch
pescadinha: Weißling
pêssego: Pfirsich
pimenta: Pfeffer
pimento: Paprika
piripiri: Cayennepfeffer
polvo: Krake
porco: Schwein
prato: Teller
pratos de carne: Fleischgerichte
– *de peixe:* Fischgerichte
presunto: Schinken (geräuchert)
pudím: Pudding
– *flan:* Karamelpudding

Q

queijo: Käse

R

rebico, factura: Quittung
reclamação: Beschwerde
roqueijão: Quark
rim: Niere
robalo: Seebarsch
rosbife: Roastbeef

S

sal: Salz
sala de jantar: Speisesaal
salada: Salat
salmão: Lachs
salpicão: Bauernwurst
salsicha: Wurst
sardinha: Sardine
sarrabulho: Schweineblut
serviço: Bedienung
sobremesa: Nachtisch
solha: Scholle
sopa: Suppe
sorvete: Fruchteis
sumo: Saft
– *de maça:* Apfelsaft

T

talher: Besteck
tangerina: Mandarine
tarte: Torte
tomilho: Thymian
tortilha: Omelett
tripas: Kutteln
truta: Forelle

U

uvas: Weintrauben

V

vaca: Rind
– *assada: Rinderbraten*
– *estufada: Schmorbraten*
– *veado: Hirsch*
vinagre: Essig
vinho: Wein
– *branco:* Weißwein
– *maduro:* »reifer Wein«
– *tinto:* Rotwein
– *verde:* »grüner Wein«
vitela: Kalb

Was darf's sein? Die Palette der Raritäten und Kuriosa, die man in dieser Stadt zu günstigen Preisen erwerben kann, ist breit gefächert.

Beginnen wir mit den Kacheln, den **Azulejos**, die so viele Lissabonner Fassaden zieren. Natürlich – Kacheln wiegen schwer im Reisegepäck, aber das ein oder andere antike, handbemalte oder kuriose Stück wird wohl noch unterzubringen sein. Geschäfte für den Erwerb von Azulejos gibt es genügend. Neben der industriell gefertigten Massenware mit nicht selten kitschigen Souvenirmotiven werden auch alte, handbemalte Kacheln mit Originalmustern aus der maurischen Tradition angeboten. Die sind natürlich besonders schön und teuer. Wer sich sachkundig machen will, welche Motive wirklich authentisch und typisch sind, sollte vorher einen Besuch im Museu Nacional do Azulejo (→ Museen) einplanen. Übrigens kann man auch hier Kacheln kaufen, vorwiegend allerdings Reproduktionen von historischen Motiven.

Antiquitäten und Trödel

Wer sich für **Teppiche** interessiert: In Lissabon kann man in mehreren Geschäften Arraiolos-Teppiche aus der Ortschaft Arraiolos im Alentejo kaufen; das sind Wollteppiche, die mittels eines arbeitsintensiven Kreuzstichverfahrens hergestellt werden.

Antiquitäten und **Second-Hand**-Artikel, auch kuriosen, spleenigen und originellen Zierat mit Sammlerwert, findet man in Lissabon noch zu recht günstigen Preisen. Hochwertige Antiquitäten (Möbel, Gemälde, Leuchter

Auf dem Flohmarkt Feira da Ladra wird heftig gefeilscht

Kathedrale des Konsums: Amoreiras Shopping Center

oder historischen Schmuck) offerieren die zahlreichen Fachgeschäfte in der Rua D. Pedro V oder in der Rua de São José. Und dann gibt es auch noch die Rua de São Bento nahe dem Parlamentsgebäude, wo mehr als 50 Trödler ihre Waren unterschiedlichster Couleur, Herkunft und Stilrichtung offerieren: Altertümchen aus der Entwicklungsgeschichte der Lampe, Glasgefäße, Blumenvasen, Porzellanartikel, Schlüssel, Stühle, Bilderrahmen und vieles mehr. Ähnliche Artikel, oft verstaubt, leicht beschädigt oder abgenutzt, kann man übrigens mit etwas Glück auch auf dem Flohmarkt **Feira da Ladra** (→ Märkte) finden.

Und noch eine Empfehlung: Die Händler von alten **Druckerzeugnissen** – Illustrationen, Ansichtskarten, Comic-Heftchen, Gravuren, Lithographien und Kunstdrucke (mit schönen Motiven vom alten Lissabon, von Tieren, Pflanzen, historischen Szenen, portugiesischen Landschaften etc.) – sind in der Rua da Misericórdia, am Largo Trindade Coelho und in der Rua do Alecrim zu Hause. Stöbern heißt hier die Devise, Geschäfte dafür gibt es genug. Die Preise sind niedrig.

Schmankerl für Gaumen und Ohr

Als Souvenir könnte freilich auch die eine oder andere **kulinarische Originalität** taugen: ein sehr guter alter Portwein (Riesenauswahl im staatlichen Portweininstitut (→ Essen und Trinken), ein aromatischer Käse, geräucherte Würste, ein hochwertiges Olivenöl, ein Rotwein aus dem portugiesischen Norden.

Oder soll's als Erinnerung an diese Stadt eine Kassette, eine CD mit portugiesischer Volksmusik oder mit den so typischen **Fado**-Gesängen – etwa von der großen legendären Fado-Sängerin Amália Rodrigues – sein? Auch brasilianische Musikkonserven findet man in den Geschäften.

Shopping – wo und wann

Das massierteste Angebot an Konsumgütern und Delikatessen, viele moderne, modische Artikel findet sich im **Amoreiras Shopping Center** in der Rua Duarte Pacheco. Sage und schreibe 330 Läden sind hier untergebracht, sogar am Sonntag sind sie geöffnet (10 bis 23 Uhr). Hier tätigen die Lissabonner mit Vorliebe ihre Großeinkäufe.

Die meisten Läden kozentrieren sich ansonsten in der Unterstadt zwischen der Praça do Comércio und dem Rossio sowie in der beim Großbrand 1988 stark in Mitleidenschaft gezogenen Gegend Chiado/Rua do Carmo. Das letztere Viertel mit seinen Boutiquen, Mode- und Juweliergeschäften gilt als chic, mondän und teuer. Gewöhnlich öffnen die Geschäfte montags bis freitags von 9 bis 13 und von 15 bis 19 Uhr; samstags nur von 9 bis 13 Uhr. Kleine Variationen der Öffnungszeiten sind an der Tagesordnung.

Antiquitäten

Abside ■ C 4
Das renommierte Fachgeschäft für Antiquitäten wird von dem Experten Dr. Carlos Penalva geführt. Antike Möbel, Skulpturen, Kacheln, Gemälde, Truhen, Zeichnungen, Porzellan aus den portugiesischen Ex-Besitzungen in China und Indien. Hohes Niveau und entsprechende Preise.
Travessa dos Fíesis de Deus 14–16
Metro: Rossio

Testa ■ D 6
An- und Verkauf von historischen Münzen.
Rua do Arsenal 74–78
Bahnhof: Cais do Sodré

Bücher

Livraria Buchholz ■ C 1
Deutsch geführte Buchhandlung mit umfassendem Sortiment an deutschen Büchern.
Rua Duque de Palmela 4
Metro: Rotunda

Livraria Campos Trindade ■ C 5/C 6
Antiquarische Bücher. Daneben zahlreiche Gravüren, Lithographien, Kunstdrucke, Zeichnungen.
Rua do Alecrim 44
Bahnhof: Cais do Sodré

Livraria Olísipo ■ D 4
Neben antiquarischen Büchern beachtliche Auswahl an alten Drucken, Kupferstichen, Lithographien etc., alles nach Motivgruppen geordnet: historische Ansichten von Lissabon, Tiere, Pflanzen, Landkarten etc.
Largo Trindade Coelho 7
Metro: Rossio

Livraria Portugal ■ D 4/D 5
Alteingesessenes Fachgeschäft. Bibliophile Schätze, aber auch aktuelle Werke.
Rua do Carmo 70–74
Metro: Rossio

Livreiros ■ C 4
Gutsortiertes Antiquariat.
Rua de S. Pedro de Alcântara
Metro: Restauradores

Gemütliche Wohnzimmeratmosphäre: Buchhandlung »Livreiros«

Loja das Colecções ■ C 4
Antiquarische Bücher. Außerdem alte Ansichtskarten, Landkarten, Lithographien, Comic-Heftchen, antiquarische Pin-ups, Streichholzschachteln aus diversen Jahrzehnten, Kartenspiele von anno dazumal. Eine Fundgrube für Sammler von Papierraritäten, kuriosen Ansichtskarten etc. Erschwingliche Preise. Der Besitzer spricht auch englisch und französisch.
Rua da Misericórdia 145–147
Metro: Rossio

Geschenke

Artesanato ■ B 1/C 2
Souvenirwaren. Spitzen-, Kupfer- und Messingartikel, Töpferwaren, handbemaltes Porzellan. Keine besonderen Extras.
Rua Castilho 67
Metro: Rotunda

Casa Regional da »Ilha Verde« ■ D 5
Viele handgefertigte Produkte aus dem portugiesischen Norden und von Madeira und den Azoren. Leinentücher, Spitzen, Stickereien, Porzellan, grüner Tee von den Azoren, Kunstgewerbe, Schmuck. Mittleres Preisniveau. Raritäten: kunsthandwerkliche Gegenstände von der Azoreninsel San Miguel.
Rua Paiva de Andrade 4
Metro: Rossio

Spera ■ C 5
Kleiner Laden im Bairro Alto mit sehr schönem Kunstgewerbe aus Süd- und Mittelamerika und Afrika. Viele Unikate, hohes Preisniveau. Möbel, Teppiche, verzierte Kalebassen aus Mali und Peru. Masken aus Mexiko, aus Bast geflochtene Gefäße.
Travessa da Espera 17–19
Metro: Rossio

Valentim de Carvalho ■ D 4
Zentral am Rossio gelegenes, erst 1992 eröffnetes Fachgeschäft für Bücher, Zeitschriften und – das ist der Schwerpunkt – Schallplatten, Musikkassetten und CDs. Trend-Musik, Klassik, große Auswahl an Jazz, Volksmusik aus Portugal und brasilianische Musik.
Rossio 57
Metro: Rossio

Kindermode

O Palhaço ■ D 5
Originelle, modische Kleidung für Kinder.
Rua Augusta 97–107
Metro: Rossio

Porfirios ■ D 4/D 5
Der allerletzte modische Schrei für Kinder und Jugendliche.
Rua dos Sapateiros 92
Metro: Rossio

Lebensmittel

Cantinho Regional ■ A 1
Viele hausgemachte Spezialitäten aus der Serra da Estrela, z.B. Käse, Würste, Schinken, Milchprodukte. Eine Fundgrube für Liebhaber von deftiger, bäuerlicher Kost aus der portugiesischen Provinz.
Amoreiras Shopping Center
Av. Eng. Duarte Pacheco
(Lojas 30 54–30 56)

Casa Macário ■ D 4/D 5
Kaffee, Tee und Süßwaren. Die große Spezialität sind Portweine, die ältesten von 1890.
Rua Augusta 272–274
Metro: Rossio

Celeiro ■ C 6
Supermarkt mit buntem Sortiment an Käsesorten, Weinen, Dörrfleisch aus Brasilien, Konfitüren, Würsten,

Delikatessen vom Schwein.
Rua Bernardino Costa 19
Bahnhof: Cais do Sodré

Charcutaria Brasil ■ C 2/D 1
Käse aus der Serra da Estrêla, Schinken aus Chaves (Nordportugal), großes Sortiment an Weinen und alten Portweinen.
Rua Alexandre Herculano 90
Metro: Rotunda

Manteicaria Londrina ■ D 3
Gut sortierter Tante-Emma-Laden für portugiesische Spezialitäten: Weine, Spirituosen, Schinken, Würste, Trockenobst, Stockfisch, Nüsse, Fischkonserven.
Rua das Portas de Santo Antão 55
Metro: Restauradores

Martins & Costa ■ C 2/D 1
Portugiesische Delikatessen. Hochwertige Jahrgangs-Portweine, Spirituosen, diverse Käsesorten, Süßwaren, Säfte.
Rua Alexandre Herculano 34
Metro: Rotunda

Mercado ■ E 4
Gut sortierter Supermarkt in alten Gewölberäumlichkeiten in zentraler Lage. Weine, Spirituosen, Würste, Käse und Frischwaren.
Praça da Figueira 10 B
Metro: Rossio

Perola do Arsenal ■ D 6
Große Auswahl an Spirituosen, Whisky, Port- und anderen Weinen portugiesischer Provenienz. Außerdem Käse, Olivenöl, Trockenobst, Gewürze, gedörrter Kabeljau und Tintenfisch, zahlreiche Bohnensorten.
Rua do Arsenal 94–96
Bahnhof: Cais do Sodré

Supermercado Expresso ■ D 3
Nahe dem Rossio gelegener Supermarkt, wo man täglich bis 23 Uhr (sonntags nur bis 21 Uhr) Lebensmittel einkaufen kann. Hier kaufen vornehmlich Touristen.
Rua Jardim do Regedor 34–36
Metro: Rossio

Lederwaren

Casa Canadá ■ D 5
Diverse Lederkleidung, außerdem Handtaschen, Koffer, Gürtel etc. Akzeptables Preisniveau.
Rua Augusta 228–232
Metro: Rossio

Versailles ■ D 5
Alles in Leder: Taschen, Goldbörsen, Brieftaschen, Koffer etc.
Rua de Santa Justa 96 (nahe Elevador)
Metro: Rossio

Märkte

Feira da Ladra ■ F 5
Ehemals vielgepriesener Flohmarkt, wo man heute nur noch selten wirkliche Schnäppchen machen kann. Die kommerziellen Händler bestimmen längst das Geschehen. Angeboten werden: Lampen, Porzellan, Pornos, Antiquitäten, Münzen, Gewehre, Schallplatten, Bibeln, Werkzeug und Möbel. Lohnender Blick auf den Tejo. Man fährt am besten mit der Eléctrico-Linie Nr. 28 hierher und steigt an der Igreja São Vicente da Fora, die im übrigen auch einen Besuch lohnt, aus.
Campo de Santa Clara (hinter der Kirche)
Bahnhof: Santa Apolónia
Di, Sa 9–18 Uhr

Mercado da Ribeira Nova ■ C 5
Der interessanteste Markt der Stadt. Opulentes Angebot an Obst, Frischgemüse, Blumen, Fisch, Fleisch, Käse etc. Viele Gastronomen kaufen hier ein. Allein das Fischangebot ist überwältigend: Schwertfische, Aale, Kraken, Muränen, Kabeljau. Außerdem Knoblauch- und Bohnensorten, Maniok, Melonen, Papayas, Ananas, Ginseng, Paprikaschoten, diverse Salate. Montags gibt es weder Fleisch noch Fisch. Nahebei zahlreiche Bars, Restaurants und Imbißstuben.
Avenida Vinte e Quatro de Julho
Bahnhof: Cais do Sodré
Mo–Sa 6–14 Uhr

Mode

Ana Salazar
Das Geschäft trägt den Namen der erfolgreichsten Modeschöpferin Portugals. Exklusive, ausgefallene Kreationen. In Sachen Mode wohl die erste Adresse in der Stadt. Nach Ana Salazar wurde inzwischen auch ein Parfüm benannt.
Avenida de Roma 16 E
Metro: Roma

Custódia ■ B 1/B 2
Strickmoden in klassischen und zeitgemäßen Ausführungen. Jackenkleider, Blazer, Röcke, Pullover, Pullis und Jacken.
Rua Rodrigo da Fonseca 113
Metro: Rotunda

Eldorado ■ C 4
Second-Hand-Shop für modische Extravaganzen aus den 50er und 60er Jahren. Auch Schmuck aus diesen beiden Jahrzehnten.
Rua do Norte 25
Metro: Rossio

Loja Branca ■ B 3
Boutique mit geschmackvollen Kreationen für Damen und Herren, die sich für ausgefallene, kreative Mode begeistern können.
Praça das Flores
Metro: Avenida

Mr. Wonderful
Modische Männerbekleidung, konzipiert von einem brasilianischen Modeschöpfer. Blazer, Krawatten, Schuhe, Anzüge für alle Gelegenheiten. Entwürfe für den gepflegten Freizeit-Look. Gehobenes Preisniveau.
Avenida de Paris 22 B
Metro: Areeiro

Fischverkäuferin auf dem Mercado da Ribeira Nova

Porzellan und Keramik

Albuquerque e Sousa Lda. ■ D 4
Große Auswahl an antiken Kacheln (Azulejos). Eigene Werkstatt für die Restaurierung von Kacheln. Ein Shopping-Tip für Kenner und Sammler von Azulejo-Raritäten.
Rua Dom Pedro V 70
Metro: Restauradores

Casa Chung ■ D 4/E 5
Alles aus Asien: Porzellan, Teller, Kannen, auch diverse Bambusmöbel, Lampen, Textilien, Skulpturen und Sonnenfächer. Erschwingliche Preise.
Rua dos Douradores 133–135
Metro: Rossio

Casa Terenas ■ D 4/D 5
Asiatisches Porzellan zu überraschend günstigen Preisen: Vasen, Teekannen, Teller. Außerdem Artikel aus Bambus, Jadeschmuck, handbemalte Sonnenfächer, geschnitzte Holzfiguren. Viele Artikel aus China. Günstige Preise.
Rua da Prata 158–160
Metro: Rossio

Sant' Anna ■ C 5/C 6
Porzellan und umfassende Auswahl an Kacheln (Azulejos), auch historische Stücke und Auftragsanfertigungen. Das Unternehmen besteht seit 1741 und hat einen erstklassigen Ruf. Vielbesucht von Touristen; im Angebot ist auch billige Industrieware.
Rua do Alecrim 95
Bahnhof: Cais do Sodré

Schmuck

Ourivesaria Aliança ■ D 5
Nobles, mit pompösen Spiegeln und einem Deckengemälde dekoriertes Geschäft für kostbare Pretiosen und Silberwaren. Allein das luxuriöse Interieur ist schon einen Besuch wert.
Rua Garrett 50
Metro: Rossio

Ourivesaria Teixeira ■ D 4/D 5
Beachtliche Auswahl an diversen Schmuckgegenständen.
Rua da Prata 266
Metro: Rossio

Kleine Boutiquen offerieren ausgefallene Mode

Schuhe

Sapataria Charles ■ D 4/D 5
Exklusive Schuhmode vor allem aus Portugal und Italien.
Rua Augusta 275 A
Metro: Rossio

Stoffe

Casa dos Bordados da Madeira ■ D 4
Spitzen, Stickereien und Stoffe von der Atlantikinsel Madeira.
Rua Primeiro de Dezembro 137
Metro: Rossio

Madeira House ■ D 4/D 5
Textilien, Spitzen und Stickereien von der Insel Madeira. Von dort auch Keramik, Azulejos, diverse Artikel aus Holz und Kork.
Rua Augusta 131–133
Metro: Rossio

Teppiche

Casa Quintao ■ C 5
Fachgeschäft für den Erwerb von Arraiolos-Teppichen, die aus der gleichnamigen Ortschaft bei Évora (Alentejo) stammen. Die traditionellen Wollteppiche, hergestellt nach einem aufwendigen Kreuzstichverfahren, zeigen originelle Muster und Farbkombinationen. Eigene Herstellung und Restaurierung von Teppichen. Große Auswahl.
Rua Ivens 30
Metro: Rossio

Trevo
Gleichfalls beachtliche Auswahl an Arraiolos- und anderen Teppichen.
Avenida Oscar M. Torres 33 A
Metro: Campo Pequeno

Zeitungen und Zeitschriften

Tabacaria Mónaco ■ D 4
Seit 1894 werden hier Tabakwaren sowie Zeitschriften und Zeitungen verkauft. Urige Einrichtung mit Vögeln auf Drähten einer alten Telefonleitung. Zentrale Lage am Rossio. Mehrere deutsche Tageszeitungen und Illustrierte im Angebot.
Rossio 21
Metro: Rossio

DER BESONDERE TIP

Luvaria Ulisses Gibt es so etwas in einer anderen Kapitale Europas? Ein Verkaufsraum in Miniaturdimension, etwa zwei Meter lang und zwei Meter breit, doch dahinter – für den Käufer besteht kein Zutritt – ein Lager mit Aberhunderten von Handschuhen für alle Gelegenheiten, in allen Farben, Größen und Preislagen – aus Leder, Stoff, gefüttert oder nicht. Der pittoreske Laden liegt in einer noblen Gegend: in der Rua do Carmo. Wirklich, für Handschuhe, ob dezent gemustert oder spleenig dekoriert, ist dies weit über Lissabon hinaus die allererste Adresse. Rua do Carmo 87 A, Metro: Rossio ■ D 5

In der exklusiven Luvaria Ulisses werden ausschließlich Handschuhe verkauft

Das größte Vergnügungsangebot konzentriert sich im Bairro Alto. Hier herrscht bis in die frühen Morgenstunden Betrieb in den Gassen.

In der **Baixa**, der Unterstadt, wo tagsüber die Touristen zwischen der Praça do Comércio und dem Rossio flanieren, geht Lissabon ziemlich früh zu Bett. Aufregendes Nachtvergnügen wird man hier nur recht gemäßigt erleben können. Auch das Stadtviertel **Alfama**, tagsüber ebenfalls von vielen Besuchern erfüllt, bietet dem Nachtschwärmer außer einigen Fadolokalen nur mäßige Mitternachtsvergnügungen. Keine Frage: Im **Bairro Alto** spielt die Musik, auch noch nahe der Tejo-Brücke im Viertel Alcântara und schließlich in den Bars und Szenenkneipen an der Avenida **Vinte e Quatro de Julho** nahe dem Museu de Arte Antiga.

Programmzeitschriften

Zwei Tips vorweg: Aktuelle Empfehlungen mit Namen und Adressen für das Lissabonner Nacht- und Kulturleben präsentiert die wöchentlich erscheinende Szene-Zeitung **SE7E** (in portugiesischer Sprache), die man für 200 Esc. am Kiosk bekommt. Kostenlos beim Verkehrsamt und in den großen Hotels erhältlich ist die monatlich erscheinende Broschüre **Agenda Cultural**, die von der Stadt Lissabon herausgegeben wird. Die Broschüre verzeichnet Monat für Monat neu die aktuellen Angebote der Theater, Ausstellungshallen, Museen, Kinos, Sportstätten, Parks, Bibliotheken etc. Die wichtigsten Erläuterungen und Daten sind auch in englisch angegeben.

Fado

Noch ein Wort zur Fadomusik, typisch für Lissabon, aber doch für den Ausländer gar nicht so leicht auf authentische Art zu erleben und als Ausdruck von Stimmungen und Gefühlen zu begreifen. In vielen Lokalen wird Fadomusik inzwischen eigens als Spektakel für Touristengruppen inszeniert. Das Typische bleibt dabei auf der Strecke. Der Umsatz des Lokals dominiert das Geschehen. In den authentischen Fadolokalen – es gibt nur noch wenige – beginnt die Darbietung niemals vor 23 oder 24 Uhr. Am besten lassen Sie sich von Einheimischen beraten, wo man noch Fadomusik auf althergebrachte Art erleben kann, meiden Sie die Lokale (vor allem im Bairro Alto), wo ganze Gruppen lärmend ins Lokal drängen oder wo Animateure vor dem Lokal den Gast mit Versprechungen locken.

In den Gassen des Bairro Alto gehen die Lichter nie aus

Bars

Bipi-Bipi
Nächtlicher Treffpunkt von Brasilianern oder Portugiesen, die brasilianische Musik mögen. Großes Spirituosenangebot, viele exotische Drinks, gemixt mit Zuckerrohrschnaps.
Rua Oliveira Martins 6
Metro: Areeiro

Bora-Bora ■ E 4/E 6
Polynesische Bar mit exotischem Flair und ebensolchen Drinks. Es gibt noch eine andere Bar gleichen Namens in der Avenida Almirante Reis 194, die gleichfalls eine gepflegte Südsee-Atmosphäre offeriert. Heiße Rhythmen, auch nichtalkoholische Getränke.
Rua da Madalena 199
Metro: Rossio

Cerca Moura ■ F 5
Auf der Terrasse vor der Bar (nahe dem Aussichtspunkt Miradouro de Santa Luzia) genießen Touristen wie Einheimische die lauen Sommerabende. Ein beliebter Treffpunkt vor oder nach einem abendlichen Spaziergang durch die Alfama. Delikate Imbisse.
Largo das Portas do Sol 4
Bahnhof: Santa Apolónia

Foxtrott ■ B 4
Originelle, nostalgische Einrichtung mit viel Plüsch, schweren Vorhängen, Jugendstillampen und Gemälden in mächtigen Rahmen. Die Musik ist allerdings bei weitem zeitgemäßer als die pompös-antiquierte Einrichtung.
Travessa de Santa Teresa 24
Metro: Avenida

Metalúrgica Café ■ B 5/C 6
Szenelokal in einer umgebauten Werkstatt. Jüngeres Publikum. Laute, oft harte, fetzige Rockmusik (Heavy Metal). Am Wochenende rammelvoll. Derzeit ziemlich »in«. Kaum Sitzplätze.
Avenida Vinte e Quatro de Julho 110
Bahnhof: Santos

DER BESONDERE TIP

Alcântara-Cafe Mit großem Aufwand und gutem Geschmack wurde hier, im Viertel Alcântara nahe der Tejo-Brücke eine Fabrikhalle zu einer Edelbar mit Restaurant umgestaltet. Kühles Designermobiliar mit Korbsesseln, Säulen, großen Spiegeln, indirekter Beleuchtung und surrenden Ventilatoren an den Decken. In einem abgetrennten Areal inmitten der kräftigen Musikbeschallung (nebenan ist auch eine Disco) können diverse Salate und andere Delikatessen verzehrt werden. Publikum aus besseren Kreisen. Am Wochenende auch viele Touristen. Tischreservierung für das Restaurant unbedingt erforderlich: Rua Maria Luísa Holstein 15, Bahnhof: Alcântara Mar, Tel. 3 63 71 76

Pavilhão Chinês ■ D 4
Gedämpftes Licht, avantgardistische Musik, ein kleiner Billardraum. Der Clou indessen: Die ganze Bar ist dekoriert mit einem Sammelsurium an Kitschartikeln. Straußenfedern und Kristallüster komplettieren das originelle Interieur. Bunt gemixte, exotische Drinks. Gehobenes Publikum, am Wochenende reger Betrieb. Bis 2 Uhr geöffnet.
Rua Dom Pedro V 89–91
Metro: Restauradores

Billardsaal

Monumental Salãojogos ■ A 3/B 2
Große, zweistöckige Halle aus den dreißiger Jahren. Hier kann man sich an rund 20 Billardtischen die Zeit vertreiben. Auch Spielautomaten und Kicker. Viele junge Leute.
Avenida Alvares Cabral 35–37
Metro: Avenida

Diskotheken

Alcântara-Mar
Mehrere originell dekorierte Räume direkt neben dem Alcântara-Café. Die kühle Atmosphäre dieser Fabrikhalle ist durch Einrichtungselemente aus einem gutbürgerlichen Salon akzentuiert. Schwere Lüster aus Glas, an den Wänden Porträtgemälde, große Spiegel und roter Samt. An den Decken kleine Monitore und Scheinwerfer. Getanzt wird nicht vor Mitternacht. Mehrere Bars mit beachtlichem Spirituosenangebot.
Rua Cozinhaga Económica 11
Bahnhof: Alcântara Mar

Banana Power
An Wochenenden vielbesuchte Disco im Stadtviertel Alcântara. Gehobenes Publikum. Restaurant und Bar nur für Clubmitglieder.
Rua de Cascais 51–52
Bahnhof: Alcântara Mar

Fragil ■ C 4/C 5
Bar und Disco für ein besseres, meist elegant gestyltes Publikum. Für Nachtschwärmer im Bairro Alto.
Rua da Atalaia 126
Metro: Restauradores

Skylab ■ B 1
Hier kann man auch noch nach Mitternacht zu heißen Rhythmen tanzen. Im Stadtteil Rato nahe dem Marquês de Pombal. Am Wochenende überfüllt.
Rua Artilharia Um 69
Metro: Rotunda

Whispers
Trend-Disco. Stadtbekannte Größen aus der Kulturszene oder aus dem Show-Geschäft amüsieren sich hier gelegentlich.
Avenida Fontes Pereira de Melo 35
Metro: Picoas

Fadolokale

Adega Machado ■ C 4
Vielbesuchte Fadostätte im Bairro Alto. Mehr Touristen als Einheimische.
Rua do Norte 91
Metro: Rossio

Parreirinha de Alfama ■ E 5
Bekanntes, auch von Einheimischen besuchtes Fadolokal in der Alfama.
Beco do Espírito Santo 1
Metro: Rossio

Senhor Vinho ■ A 4
Fadodarbietungen auf hohem, authentischem Niveau für ein kundiges Publikum. Die Gäste sind meist Einheimische. Oberes Preisniveau.
Rua do Meio à Lapa 18
Bahnhof: Santos
So geschl.

Solar do Fado
Traditionsreiches Fadolokal im Stadtviertel Belém.
Calçada de Memória 57 A
Bahnhof: Belém

Taverna d'el Rey ■ F 5
Folkloristisch eingerichtetes Restaurant mit gelegentlichen Fado-Darbietungen. Gemütliches Ambiente, zentrale Lage in der Alfama.
Largo Chafariz de Dentro 14–15
Bahnhof: Santa Apolónia

Velho Páteo de Santana ■ D 2
Bar-Restaurant mit niveauvollen Fadodarbietungen.
Rua Dr. Almeida Amaral 6
Metro: Intendente

Kinos

Alfa 1–5
Fünf Filmsäle. Vorwiegend amerikanische Streifen mit portugiesischen Untertiteln.
Avenida Alm. Gago Coutinho
Metro: Areeiro
Tel. 80 64 96

Amoreiras 1–10 ■ A 1
Großkino mit zehn Filmsälen. Meist ausländische Filme, umfassendes Angebot.
Amoreiras Shopping Center
Tel. 69 12 75

Condes ■ D 3
Alter Filmpalast aus der längst vergangenen Glanzzeit des Kinos. Montags reduzierte Preise.
Vier Vorstellungen pro Tag.
Avenida da Liberdade 2
Metro: Restauradores
Tel. 3 42 25 23

São Jorge ■ C 1/C 2
Inzwischen in drei Filmsäle aufgeteiltes Traditionskino. Viele amerikanische Filme mit portugiesischen Untertiteln.
Avenida da Liberdade 175
Metro: Avenida
Tel. 57 91 44

Musiklokale

O Baile ■ B 5
Afrikanische Live-Musik. Einfach ausgestattete Bar im Hinterhof, begrenztes Spirituosenangebot. Tanzflächen direkt vor der Bühne. Am Wochenende ein Treffpunkt vieler in Lissabon lebender Afrikaner.
Largo Conde Barão 50
Bahnhof: Santos
Tel. 3 96 43 31
So geschl.

Dämmerlicht, melancholische Stimmung: Fado-Lokal

Chafarica ■ F 5
Nachtbar mit afrikanischer Live-Musik. Am Rande der Alfama nahe der Igreja de São Vicente gelegen.
Calçada de São Vicente 79
Bahnhof: Santa Apolónia
Tel. 8 86 74 49
So geschl.

Hot Club de Portugal ■ C 3
Eines der besten Jazzlokale der Stadt.
Praça da Alegria 39
Metro: Avenida
Tel. 3 46 73 69
So geschl.

Pé Sujo ■ E 5
Brasilianische Live-Musik.
Bis 2 Uhr geöffnet.
Largo de São Martinho 6–7
Bahnhof: Santa Apolónia
Mo geschl.

Theater und Oper

Teatro Maria Vitória ■ C 3
Eine der vier Theaterbühnen im Parque Mayer. Stücke portugiesischer und ausländischer Autoren.
Parque Mayer
Metro: Avenida
Tel. 3 46 17 40
Mo keine Vorstellung

Teatro Municipal Maria Matos
Komische und satirische Stücke, auch Theater für Kinder. Aufführungen meist nur am Wochenende.
Avenida Frei Miguel Contreiras 52
Bahnhof: Areeiro
Tel. 8 49 70 07

Teatro Municipal São Luis ■ C 5
Traditionsreiche, städtische Theaterbühne im Stadtzentrum. Die Aufführungen finden meist am Wochenende statt. Gelegentlich auch Ballettaufführungen.
Rua António Maria Cardoso 40
Bahnhof: Cais do Sodré
Tel. 3 46 12 60

Teatro Nacional D. Maria II ■ D 4
Große und traditionsreiche staatliche Bühne im Stadtzentrum. Wechselnde Aufführungen.
Rossio
Metro: Rossio
Tel. 3 47 22 46

Teatro da Trindade ■ C 4
Populäre, satirische und humoristische Theateraufführungen. Beliebte Volksbühne.
Rua Nova da Trindade 9
Tel. 3 42 32 00
Metro: Rossio
Mo keine Vorstellung

Teatro Nacional D. Maria II am Rossio

Für Kinder ist die Stadt mit ihren alten Kabel- und Straßenbahnen, mit Metro und Aufzug sehr aufregend. Aber es gibt auch Parks, den Zoo oder das Aquarium als Oasen.

Um dem Großstadtgetümmel einmal zu entkommen, bietet sich etwa der Spielplatz im **Jardim da Estrêla**, das Parkgelände auf dem Burgberg **(Castelo de São Jorge)** oder die weitläufige, autofreie Grünanlage **Parque Eduardo VII.** an. Reizvoll für Kinder kann es aber auch sein, einmal die diversen Verkehrsmittel in Lissabon zu erleben. Man könnte ein Wegstück mit einem **Eléctrico** (Straßenbahn) – vorzugsweise mit der originellen Linie Nr. 28 – bergauf, bergab fahren, dann in der Unterstadt nahe der Rua Áurea in den **Aufzug Santa Justa** steigen und sich zur oberen Station befördern lassen. Nach einem Spaziergang durch das Bairro Alto besteigt man eine der Kabelbahnen **(Elevadores)**, etwa den **Elevador da Glória** oder den **Elevador da Bica**, um wieder in die Unterstadt zu gelangen. Als krönender Abschluß bietet sich am Ende noch eine Tejo-Überquerung mit der Fähre an. Sie legt am Flußbahnhof **(Terminal Fluvial)** ab. Vom anderen Tejo-Ufer hat man einen reizvollen Blick auf das Zentrum von Lissabon.

In puncto Tierhaltung nicht mehr auf dem neuesten Stand: der Zoologische Garten

Aquaparque
Vergnügungspark mit Wasserbecken, Wasserrutschbahn und diversen Wasserspielen.
Alles unter freiem Himmel.
Parque Urbano Alto do Duque
Avenida das Descobertas, Restelo
Bahnhof: Belém
Tageskarte rund 1 000 Esc.

Aquario Vasco da Gama
Zahlreiche Ausstellungsstücke sowie lebende Tiere aus der Welt der Meere sind hier zu bewundern. Auf mehreren Etagen werden zunächst präparierte Seelebewesen gezeigt. Seevögel, Seehunde, Tintenfische, abnorme Fischgeburten, Muscheln, Seesterne, Meeresspinnen, auch ein konservierter Riesentintenfisch (Lula Gigante), der ein Gewicht von 207 kg und eine Länge von 8,20 m aufweist. Reizvoller ist natürlich die Begegnung mit den lebenden Meeresbewohnern: Riesenschildkröten, Robben, Zitteraale, bunte, exotische Fische aus den Tropen, Seepferdchen, Piranhas, Muränen, usw.
Rua Direita, Dafundo (westl. von Belém)
Eléctrico Nr. 15
Tgl. 10–17.30 Uhr
Eintritt 200 Esc., Mi Eintritt frei

Jardim Zoológico
Der Lissabonner Zoo besteht zwar schon seit 1884, an diesem Ort ist er aber erst seit 1905 untergebracht. Die Gehege, Volieren und Tierhäuser sind zumeist älteren Datums. Im Zentrum des Interesses: die Affen, Nilpferde, Lamas, Bären, Elefanten und Löwen. Auch Reptilien und Zebras sind vertreten. Es gibt auch eine Affenschule und eine Delphinbucht. Die Haltungsbedingungen der meisten Tiere sind aber leider alles andere als vorbildlich.
Estrada das Laranjeiras/Estrada de Benfica
Metro: Sete Ríos
Tgl. 9–17 Uhr
Eintritt 500 bzw. 700 Esc.

Teatro Infantil de Lisboa
Beliebtes Kindertheater. Vorstellungen meist nur dienstags, mittwochs und freitags.
Rua Leão de Oliveira 1
Bahnhof: Alcântara

Der Besondere Tip

Chapitô Dem Kulturzentrum (mit Bar, Kiosk und schöner Terrasse im Innenhof) ist eine Zirkusschule angeschlossen. In einem kleinen Zirkuszelt proben die Clowns und Akrobaten von morgen. Viele Künstler und Familien mit Kindern kommen hierher. Dies ist eine kinderfreundliche Stätte, wo die Kinder im Innenhof umhertollen, derweil die Eltern im Restaurant speisen können. Zu diesem Kleinkunstzentrum in der Alfama zählen auch ein kleines Restaurant **(Gargalhada Geral)** sowie eine Bibliothek und eine Kellerbar, die über eine Spielecke für Kinder verfügt. Rua Costa do Castelo 7, Metro: Rossio, Tel. 87 82 25 sowie 8 88 18 34 (Gargalhada Geral), So geschl., Mittlere Preisklasse ■ E 4/E 5

Im katholischen Portugal bestimmt das Kirchenjahr den Festkalender. Vor allem während der Feste der Volksheiligen im Juni herrscht in der Stadt ausgelassener Trubel.

Neben den großen Festveranstaltungen im Sommer – **Dia de Santo António/Santos Populares** und **Festa do Avante** – gibt es zahllose Stadtteilfeste und religiöse Festlichkeiten.

Über die präzisen Termine der einzelnen Volksfeste, Messen, Märkte und der aktuellen Kulturveranstaltungen informiert die kostenlos beim Verkehrsamt und in den großen Hotels erhältliche, monatlich erscheinende **Agenda Cultural**. Größte volkstümliche Veranstaltung im August ist die gewöhnlich sehr gut besuchte **Festa do Avante** (»Avante« heißt die Zeitung der Portugiesischen Kommunistischen Partei). Dieses Fest wird auch von zahlreichen Menschen besucht, die nicht unbedingt Mitglieder der besagten Partei sind. Gerade in den Sommermonaten finden auch zahlreiche Feste und Kulturveranstaltungen im nahen Estoril, in Cascais oder in Sintra statt. Auskunft beim touristischen Informationsbüro in Lissabon oder beim Gabinete das Fiestas de Lisboa, Tel. 8 88 47 14 bzw. 8 88 20 17.

Touristenspektakel: Tanzvorführung einer Trachtengruppe

Februar/März
Procissão do Senhor dos Passos da Graça
Die volkstümliche Prozession am zweiten Sonntag der Fastenzeit führt durch das Stadtviertel Graça. Das Fest geht auf eine Tradition aus dem 16. Jh. zurück.

Mai–Okt.
Feira Popular
Am Nordende der Avenida da República findet durchgehend von Mai bis Anfang Oktober eine Art Volkskirmes bzw. Jahrmarkt mit Karussells und Vergnügungsstätten für Erwachsene und Kinder statt.

Mai
Feira do Livro
Auf der Buchmesse im Parque Eduardo VII. werden die ausgestellten Bücher auch verkauft.

Juni
Festa de Santo António
12./13. Juni
Dia de São João
23./24. Juni
Dia de São Pedro
28./29. Juni
In der ganzen Innenstadt und in vielen Stadtteilen, vor allem in der Alfama und auf der Avenida da Liberdade, werden die Feste des Heiligen Antonius und der Volksheiligen **(Santos Populares)** São João und São Pedro gefeiert. Der Heilige Antonius, 1195 in Lissabon geboren, gilt als Schutzheiliger der Stadt. Ihm zu Ehren wird in der Nacht vom 12. auf den 13. Juni insbesondere in der Alfama ausgelassen gefeiert – mit Straßenfesten, Musik, Gesang, Tanz, gegrillten Sardinen und viel Wein. Dazu gehört auch ein pompöser Umzug auf der Avenida da Liberdade, bei dem sich die einzelnen Stadtteile vorstellen und um die farbenprächtigste Präsentation konkurrieren. Auch zu den Festen der Volksheiligen finden Straßenfeste und Sonderveranstaltungen statt.

Feira Grande de São Pedro
Volksfest mit Handwerks- und Antiquitätenmarkt in Sintra
Wechselnder Termin im Juni

August
Festivals der klassischen Musik
In Sintra und in den Schloßgärten von Queluz sind Musikdarbietungen diverser Orchester und Solisten zu hören.
Wechselnder Termin im August

Feira de São Bartolomeu
Auf dem Campo das Amoreiras in Charneca findet ein Flohmarkt mit Schaubuden und Verkaufsständen für Secondhand-Waren statt.
2. Augusthälfte

September
Festa do Avante
Fest der »Avante«, der Zeitung der Portugiesischen Kommunistischen Partei in Seixal am anderen Tejo-Ufer. Verkaufsstände, Musikdarbietungen, Kunstausstellungen, politische Kundgebungen und Diskussionen, reichlich Essen und Trinken für die Festbesucher. Gewöhnlich sehr hohe Teilnehmerzahl, eines der größten Feste in Portugal.
2. Septemberwochenende

Feira da Luz
Volkskirmes und Trödelmarkt am Largo da Luz/Estrada da Luz, auch Früchte, Pflanzen und Neuwaren werden angeboten.

November
Jazzfestival
In Cascais, 30 km westlich von Lissabon, ist zu diesem Anlaß hochkarätiger, internationaler Jazz zu erleben.

Spaziergänge in Lissabon sind immer auch Kletterpartien: Oberstadt/Unterstadt, treppauf, treppab – eine Stadtlandschaft, ebenso reizvoll wie anstrengend.

Ständig werden Sie auf Ihren Erkundungsgängen durch die portugiesische Hauptstadt aufsteigen und schließlich durch Gassen, über Treppen oder Kopfsteinpflaster wieder absteigen müssen. Die Fußgelenke werden strapaziert werden, abends im Hotel werden Sie das spüren. So ist das nun einmal in Lissabon.

Zwischendurch sollten Sie die ein oder andere Wegstrecke mit einer der altertümlichen Straßenbahnen **(Eléctricos)** fahren. Nicht nur die Fahrt mit der berühmten Linie Nr. 28 wird sich als Vergnügen erweisen. Es gibt auch noch andere Linien, die durch enge Gassen ächzend die Berge hinauf und hinunter rumpeln. Mancher Spaziergang, manche Spazierfahrt wird Sie auch in die Nähe der vier **Elevadores** bringen, über die die Stadt verfügt: drei davon sind Kabelbahnen, einer ein regelrechter Aufzug. Auch eine Fahrt mit diesen in Anbetracht des hügeligen Geländes so nützlichen Verkehrsmitteln sollten Sie sich gönnen.

Zum angestammten Inventar dieser Stadt zählen auch die Aussichtsplattformen, die **Miradouros**. Meist sind sie parkähnlich gestaltet, verfügen über Bänke fürs Verweilen. Von hier eröffnen sich reizvollste Aussichten – immer wieder anders, je nach Licht, nach Wetterlage, nach Tageszeit. Als Miradouro erster Güte könnte man den stadtbeherrschenden Burgberg mit dem **Castelo de São Jorge** bezeichnen. Da sollten Sie gewesen sein.

Pittoreske Viertel und grüne Oasen

Und noch eine Empfehlung: Die beiden Stadtviertel **Alfama** und **Bairro Alto** sollten Sie erkunden. Enge Gassen, kleine schattige Plätze, Tante-Emma-Läden, Bars und Restaurants zuhauf – vor allem im Bairro Alto. Hier macht es wenig Sinn, nach einer strengen, festen Route zu gehen. Verlaufen Sie sich ruhig, wandeln Sie der Laune, der Lust, der spontanen Eingebung nach. So bleiben Sie frei und offen für unverhoffte Entdeckungen.

Das ungeheuerliche Verkehrsgetöse in Lissabon strapaziert mitunter die Nerven: Fliehen Sie einfach in einen der Parks, in die **Estufa Fria**, den **Parque Eduardo VII**, den **Jardim Botânico**, den **Jardim de Estrêla** oder gar – mit Verlaub – auf den sehenswerten Friedhof **Prazeres** im Westen der Stadt.

Pittoreske Gassen laden im Alfama-Viertel zum Bummeln ein

Quirlige Altstadt

Direkt neben dem **Palácio Foz** (zentrales Turismo-Büro) fährt der **Elevador da Glorìa** ab, der Sie hinaufbefördert zum **Miradouro São Pedro de Alcântara** (rechts an der Endstation des Elevadors). Beeindruckend ist der Blick von hier auf die Unterstadt und das Castelo de São Jorge. Gegenüber dem Miradouro, in der **Rua de São Pedro de Alcântara** Nr. 45 (Palácio Ludovice), können Sie im **Portweininstitut** (→ Essen und Trinken) einkehren und sich mit einem Gläschen Portwein stärken. Zwischen rund 250 Marken weißen oder roten Portweins kann gewählt werden. Hangabwärts erreichen Sie den kleinen Platz **Largo Trindade Coelho**, wo sich die Kirche **Igreja de São Roque** (→ Sehenswertes) mit mehreren prunkvoll ausgeschmückten Kapellen befindet. Besonders edel und verschwenderisch verziert: die **Capela de São João Baptista**. Direkt neben der Kirche liegt das **Museu de Arte Sacra**.

TopTen 9

Im Herzen des Bairro Alto

Auf der **Rua da Misericórdia** schlendert man weiter hangabwärts. Zahlreiche Antiquariate sind hier ansässig. Wer Zeit genug hat, sollte von hier nach Westen in das Zentrum des Bairro Alto abbiegen, wo abends die Vergnügungsszene das Geschehen bestimmt. Hier treffen Sie auf ein Labyrinth von Gassen mit Bars, Restaurants, Boutiquen, Handwerksstätten, Fadolokalen und Tante-Emma-Läden. Am vergnüglichsten flaniert man hier ohne feste Route, ehe man zur Rua da Misericórdia zurückkehrt.

Ein Platz voller Charme: der Largo Trindade Coelho

Wenige Schritte entfernt stoßen wir auf die (östlich gelegene) Parallelstraße **Rua Nova da Trindade**. Die Hausnummer 20 hat es in sich. Hier residiert in den Räumlichkeiten eines ehemaligen Klosters die beliebte **Cervejaria da Trindade** (→ Essen und Trinken, Der Besondere Tip). Welch eine gemütliche Stätte für ein Mittagessen. Danach gehen Sie zur Rua da Misericórdia zurück und schlendern weiter hangabwärts bis zur **Praça Luis de Camões**. Wer nach Osten hin den Spaziergang über den **Largo do Chiado** und die **Rua Garrett** bis zum **Elevador de Santa Justa** ausdehnen möchte, um mit diesem, einem 1902 konstruierten Aufzug, in die Unterstadt zurückzukehren, könnte unterwegs noch einen Blick in das traditionsreiche **Café A Brasileira** in der Rua Garrett 120 (→ Essen und Trinken) werfen. Sie folgen nun in westlicher Richtung der **Rua do Loreto** und erreichen dort bald auf der linken Seite die Abfahrtsstelle des **Elevador da Bica**. Mit dieser 1892 eingeweihten Kabelbahn kehren Sie in die Unterstadt zurück.

Dauer: ca. drei Stunden

Geschichte auf Schritt und Tritt

Der Vorort Belém (eine Kurzform für Bethlehem) liegt westlich von Lissabon direkt am Tejo. Hier sind bemerkenswerte Bauten aus der portugiesischen Geschichte sowie einige interessante Museen zu besichtigen. Die betreffenden Sehenswürdigkeiten liegen recht nah beieinander, man kann sie eine nach der anderen im Rahmen eines Spaziergangs aufsuchen. Ein solcher Spaziergang bietet genügend Stoff für einen ganzen Tag, es sollte aber kein Montag sein, da dann die meisten Museen geschlossen sind. Nach Belém kommt man problemlos mit öffentlichen Verkehrsmitteln: Entweder man fährt mit der Straßenbahn (z. B. der Linie 15 oder 16) und steigt dann in Belém an der Praça Afonso de Albuquerque oder an der Praça do Imperio (vor dem Hieronymuskloster) aus. Oder man besteigt am Bahnhof Cais do Sodré den Vorortszug in Richtung Cascais/Estoril und steigt am Bahnhof in Belém aus. Das letztere Verkehrsmittel bringt den Besucher am schnellsten nach Belém.

Vom Bahnhof zum Denkmal der Entdeckungen

Der Bahnhof liegt an der **Avenida da India** nahe dem Tejo-Ufer. Sie gehen am Ufer entlang in westlicher Richtung bis zu dem hohen, direkt am Tejo errichteten Denkmal, das man schon von weitem erblickt. Der **Padrão dos Descobrimentos** (Denkmal der Entdeckungen) steht hier seit 1960 (→ Sehenswertes). Das in Stein gemeißelte

Das Museu da Marinha dokumentiert Portugals Geschichte als Seefahrernation

Belém
200 m
N
Spaziergang mit Laufrichtung
Top Ten
Kirche
Denkmal
Post
Bahnhof
Sehenswürdigkeit, öffentl. Gebäude
Grünfläche
Avenida do Restelo
Rua Dom
Lour de Almeida
R. Dom Fr. de Almeida
Praça de Malaca
R. de São Fr. Xavier
R. João Eastos
Vila Correia
Casa Pia
Planetário Calouste Gulbenkian
Igreja de Santa Maria
Museu Nacional de Arqueologia e Etnologia
Mosteiro dos Jerónimos
Rua dos Jerónimos
Museu da Marinha
R. Bartolomeu Dias
Centro Cultural de Bélem
Praça do Império
Fonte Luminosa
Antiga Confeitaria de Belém
T. dos Ferreiros
R. de Belém
R. V. Portuense
Museu Nacional dos Coches
Praça Afonso de Albuquerque
Jardim Tropical
Calçada do Galvão
Calçada da Ajuda
Tr. d. Zebras
Rua Alexandre de Sá Pinto
Rua do Embaixador
Rua da Junqueira
Trav. da Pimenteira
R. Gen. João de Almeida
R.J. de Castilho
R. Gen. Mass. d. Amorim
Rua Quinze
Rua Onzo
R. 14
R. 13
R. 12
R. 10
R. 21
R. 22
R. 9
R. 5
R. Um
R. 4
R. 3
R. de Pedrouços
Av. da Torre de Belém
Algés, Cascais, Estoril, Oeiras
Avenida da India
Avenida de Brasilia
Doca de Bom Sucesso
Museu de Arte Popular
Restaurant Espelho D'Água
Padrão dos Descobrimentos
Doca de Belém
Torre de Belém
Rio Tejo

Monument stellt den Bug eines Schiffes dar; ganz oben auf der Bugspitze, der See zugewandt, steht Heinrich der Seefahrer, dahinter – in abfallender Rangfolge – scharen sich andere Persönlichkeiten aus der portugiesischen Entdecker- und Eroberungsgeschichte. Das Monument wurde noch zur Zeit der Salazar-Diktatur entworfen. Es symbolisiert, ganz der Ideologie der damaligen Zeit verhaftet, die heldenhaften Eroberungs- und Entdeckungsfahrten der portugiesischen Krone. Auf der Frontseite des 54 Meter hohen Bauwerks ist ein stilisiertes Schwert zu erkennen. Im Innern des Denkmals kann man einen Aufzug besteigen und sich auf die oberste Plattform befördern lassen. Von der Plattform blickt man über den Tejo und am diesseitigen Ufer auf den Stadtteil Belém. Alle Stationen, die wir in unseren Spaziergang einschließen wollen, sind von hier oben deutlich zu erkennen: der **Torre de Belém**, das **Museu de Arte Popular**, das **Museu da Marinha**, das große monumentale Gebäude des **Hieronymusklosters**, das **Museu dos Coches** etc.

Am Ufer des Tejo

Sie spazieren weiter parallel zum Tejo an einer künstlichen Wasseranlage vorbei, in deren Mitte sich zwei Restaurants befinden. Ein Tip für spätere Stunden oder für einen anderen Tag: Eines der beiden Restaurants heißt **Espelho D'Água** (→ Essen und Trinken), ist von drei Seiten mit Wasser umgeben und hat eine schöne Terrasse, von der man über die Wasseranlage bis hinüber zum Tejo blicken kann – ein vor-

Mosaiken vor dem Denkmal der Entdeckungen erinnern an die Seefahrerzeit

züglicher Platz für ein Mittag- oder Abendessen zwischen oder nach den Besichtigungen.

Etwa 100 Meter von der Wasseranlage entfernt liegt an der **Avenida de Brasilia** ein großer Flachbau, in dem die Bestände des **Museu de Arte Popular** (→ Museen) untergebracht sind. Die Sammlung zeigt Arbeits-, Koch-, Handwerks- und Alltagsobjekte aus dem traditionellen, meist ländlichen Leben der portugiesischen Provinzen. Man bewegt sich hier gleichsam von Provinz zu Provinz und begreift, welch unterschiedliche Handwerks- oder Haushaltsutensilien die einzelnen Gebirgs-, Küsten-, Weinbau oder Korkanbauregionen hervorgebracht haben.

Unser Weg führt uns weiter nach Westen am Tejo entlang zum vielbesuchten **Torre de Belém** (→ Sehenswertes). Der Turm, ehemals Verteidigungsanlage und Leuchtturm, stammt aus dem 16. Jahrhundert und gilt als Wahrzeichen Lissabons. Er kann auch von innen besichtigt werden, ebenso wie die angegliederte Bastion. Der eigentümliche Komplex zeigt maurische und manuellnische Stilelemente.

TOPTEN 6

Der aufmerksame Betrachter bemerkt an vielen Stellen die typisch manuelinischen Symbole: stilisierte, in Stein gemeißelte Taue und Knoten (ein Tau läuft sogar um den gesamten Turm herum und ist auf der dem Festland zugewandten Seite zu einem Knoten verschlungen), das Kreuz der Christusritter, stilisierte Blattelemente und das portugiesische Wappen mit der Krone. Im Inneren des Turms wandelt der Besucher durch den Königssaal, den Saal des Kommandanten und durch die ehemaligen Lagerräume für Waffen und Lebensmittel. Auch hier genießt man von der oberen Plattform, die man über eine Wendeltreppe erreicht, einen weiten Blick.

Das Hieronymuskloster

Sie gehen nun wieder am Tejo zurück bis zum **Padrão dos Descobrimentos**, wenden sich dann nach Norden, überqueren die Parkanlage **Praça do Império** und bewegen sich auf den deutlich erkennbaren langgestreckten Bau des Hieronymusklosters zu. Links an der Front des Klosters entlang erreichen Sie zunächst den etwas zurückversetzt liegenden Eingang des **Museu da Marinha**. Es ist im westlichen Teil des ehemaligen Klosterflügels und in einem gegenüberliegenden Neubau ansässig. In mehreren großen Sälen und einer Halle sind viele Originalobjekte aus der Geschichte der portugiesischen Seefahrt zu bestaunen. In einer separaten Halle sind Originalschiffe, vornehmlich Galeeren, aus dem 18. und 19. Jahrhundert zu sehen, überdies ein Wasserflugzeug, das bereits 1922 den Atlantik auf der Strecke Lissabon – Rio de Janeiro überquerte.

Etwa auf halbem Weg zum Eingang des Klosters (auch im westlichen Klosterflügel) liegt das **Museu Nacional de Ar-**

queologia (→ Museen) mit vielen Funden aus der Bronze-, Eisen- und Römerzeit. Jetzt können Sie sich endlich dem berühmten **Mosteiro dos Jerónimos** (→ Sehenswertes) zuwenden. Das Kloster wurde in der ersten Hälfte des 16. Jahrhunderts erbaut und stand damals direkt am Tejo. Ausgeprägte und typische Stilelemente der Manuelinik zeigt das Südportal an der Längsfront des Gebäudes. Auf den Bogenfeldern über den Türen werden Passagen aus der Hieronymuslegende dargestellt. Das gesamte Portal ist über und über mit filigranen, ornamentalen Schmuckelementen ausgestaltet.

TOPTEN 1

Die Klosterkirche, die **Igreja de Santa Maria**, beherbergt die Sarkophage Vasco da Gamas und des Dichters Luis de Camões. Im Hauptchor sind die von Elefanten getragenen Grabmäler Manuel I und seiner Gemahlin Maria aufgebaut; rechts die Grabmäler von Manuels Nachfolger João III und seiner Gemahlin Catarina.

Nahe dem Westportal der Kirche tritt man hinaus in den wunderschönen **Kreuzgang**, der von den Experten als ein Meisterwerk reinster Manuelinik klassifiziert wird. Das Ambiente dieses Kreuzgangs ist bei Lissabonner Hochzeitsgesellschaften sehr beliebt. Nach der Trauung fährt man hierher und läßt sich im Garten vor den Kreuzgangarkaden fotografieren.

Vom Kreuzgang betritt man den **Kapitelsaal**, in dem sich weitere Gräber bedeutender Persönlichkeiten der portugiesischen Geschichte befinden.

Verdiente Stärkung und Finale

Wer nach all den Besichtigungen eine Pause einlegen und sich eine Mahlzeit gönnen möchte, könnte von hier zu dem schon erwähnten Restaurant **Espelho D'Água** hinübergehen. Es gibt aber auch eine Alternative: Dazu gehen Sie in östlicher Richtung auf der **Rua de Belém** bis zur Hausnummer 84–92. Hier stoßen Sie auf die traditionsreiche **Antiga Confeitaria de Belém** (→ Essen und Trinken), ein großes Café mit mehreren Räumen und insgesamt 510 Sitzplätzen. Die Wände sind mit schönen, handbemalten Kacheln verziert. Auch hier kann man einen Imbiß zu sich nehmen oder von den berüchtigten, kaloriengeladenen Sahneküchlein **(Pasteis de Nata)**, der Spezialität des Hauses, probieren.

Als letzte Station des Spaziergangs wollen wir noch dem **Museu Nacional dos Coches** (→ Museen) einen Besuch abstatten. Es liegt ganz in der Nähe, an der Praça Afonso de Albuquerque. Zu sehen sind Kutschen und Karossen aus der Zeit zwischen dem 16. und 18. Jahrhundert: Reise-, Hochzeits- und Prozessionskutschen.

Mit einer Straßenbahn oder dem Vorortszug fahren Sie von Belém zurück ins Zentrum von Lissabon.

Dauer: Tagesausflug

Prunkstück des manuelinischen Baustils: Hieronymuskloster in Belém

Vom Gulbenkian-Museum zum Tejo

Beginnen wir mit der Kunst. Nördlich der Innenstadt an der Avenida de Berna 45 liegt das **Museu da Fundação Calouste Gulbenkian** (→ Museen). Es ist das bedeutendste Kunstmuseum Lissabons. Hier, wo rund 6 000 künstlerische und historische Exponate aus aller Welt gezeigt werden, soll unser Spaziergang beginnen.

TOPTEN 6

Ein Park für die Kunst

Das nach dem Erdölmagnaten Calouste Sarkis Gulbenkian benannte Kunstzentrum wurde 1969 eingeweiht. Es lohnt sich außerordentlich, dieser enorm reichen Kunstsammlung etwas Zeit zu widmen. Gegenüber dieser Sammlung liegt das **Museo de Arte Moderna**, wo seit 1984 in ebenfalls sehr umfassender Weise Kunst des 20. Jahrhunderts ausgestellt ist. Im Park sind auch mehrere moderne Plastiken von weltberühmten Bildhauern zu sehen. Noch ein Tip: Zwischendurch oder nach der Besichtigung sollten sie eine Pause in der Cafeteria des Kunstzentrums einlegen, ehe schließlich der eigentliche Spaziergang in Richtung Tejo beginnt.

Zur Avenida da Liberdade

Über die **Avenida Sidónio Pais** erreicht man die große Grünanlage des **Parque Eduardo VII**. Der heute mit etwa 25 Hektar größte Park Lissabons erhielt seinen Namen nach dem englischen König, der 1903 Lissabon einen Besuch abstattete. Die Grünanlage selber ist nicht sonderlich reizvoll. Unbedingt lohnend ist jedoch ein Blick von der Aussichtsterrasse am oberen Ende des Parks. Man blickt hinunter auf die Praça Marquês de Pombal und dann weiter strikt geradeaus über die Avenida da Liberdade bis zum Tejo. Man hat dabei exakt die Route vor den Augen, der unser Spaziergang folgen wird.

An der Nordwestecke des Parks liegt die **Estufa Fria**, ein Gewächshaus mit einer Vielzahl an subtropischen und tropischen Pflanzen. Vom südlichen Ende des Parks gelangt man über die **Praça Marquês de Pombal** zur breiten, verkehrsreichen **Avenida da Liberdade**. Diese 1 500 Meter lange und 90 Meter breite Prachtstraße wurde zwischen 1879 und 1890 angelegt. Hier findet man eine Vielzahl von exklusiven Geschäften, im unteren Teil auch schöne Terrassencafés. Denkmäler, Grünflächen mit Wasserspielen und große, alte Bäume zieren diese Flaniermeile, auf der man schließlich die **Praça dos Restauradores** und den Rossio – Lissabons belebtesten Platz – erreicht.

Geschäftiges Zentrum

Wir gehen nun südwärts weiter durch die rechtwinklig angelegte Unterstadt, die unter dem Marquês de Pombal konstruiert wurde, nachdem das größte Erdbeben von 1755 die Unterstadt stark zerstört hatte. Auf der **Rua Augusta** oder der parallelen **Rua Aurea** kommt man an einer Vielzahl von Geschäften, Bars und Büros vorbei, quert das kommerzielle Zentrum Lissabons und erreicht am Ende die **Praça do Comércio**, heute ein Parkplatz und ähnlich wie der Rossio ein wichtiger Verkehrknotenpunkt.

Nun sind es nur noch wenige Schritte bis zum Tejo und zum **Terminal Fluvial**, der Fährstation, wo die Schiffe anlegen, die Lissabon mit den Siedlungen am anderen Tejo-Ufer verbinden.

Dauer: ca. fünf Stunden

Mit dem Eléctrico Nr. 28 bergauf

TOPTEN 8

Ein liebenswertes Kuriosum sind sie schon, diese Eléctricos genannten, elektrischen Straßenbahnen von Lissabon. Von 1901 an wurden die seit 1873 verkehrenden Pferdewagen durch elektrische Straßenbahnen mit 90 cm Spurweite ersetzt. Noch heute rattern, scheppern, wackeln und bimmeln Eléctricos durch die Stadt. Die meisten von ihnen sind zwanzig, dreißig, vierzig Jahre alt – einige gar sechzig oder siebzig Jahre. Entsprechend altersschwach und verschlissen, aber immer noch rüstig und fahrtauglich sind sie. Nicht selten zwängen sie sich durch enge Gassen, schnaufen die Hänge empor, alles in gemächlichem Tempo. Manche Gassen sind so eng, daß die betreffende Eléctrico-Linie nur einspurig verkehren kann.

Vielerorts kommt die Lissabonner Straßenbahn auf den Schienen zügiger voran als die Busse. Oft bleiben aber auch Straßenbahnen im Verkehrsstau stecken. Für Touristen freilich zählt eine Fahrt mit der »Elektrischen« zu den vergnüglichen Eskapaden in Lissabon.

Immer wieder hört man von Absichten, den Betrieb der Straßenbahnen zu reduzieren, eventuell ganze Linien einzustellen. Die Transportgesellschaft Carris, die auch die Eléctricos betreibt, verweist auf das beträchtliche Defizit, das Jahr für Jahr durch den Unterhalt und die nötigen Reparaturen der Eléctricos entsteht. Man begreift aber wohl auch, daß man eine solche Touristenattraktion nicht aus dem Verkehr ziehen kann.

Eine Fahrt mit der Straßenbahn gehört zum touristischen Pflichtprogramm

Die Vorzeigestrecke

Die schwierigste und daher aus touristischer Perspektive amüsanteste Strecke wird von der Linie Nr. 28 bewältigt. Sie führt vom **Cemitério dos Prazeres** im Westen der Stadt durch die Unterstadt, hinauf durch die Alfama und den Stadtteil Graça bis schließlich zur Endstation am **Largo Martim Moniz** (nahe der Praça da Figueira). Innerhalb dieser Gesamtstrecke bietet die Teilstrecke zwischen der Unterstadt **(Baixa)** und der Haltestelle **Largo da Graça** alle erdenklichen Highlights, die man mit einem Eléctrico in Lissabon erleben kann.

Sie steigen an der **Rua da Conceiçao** (in der Unterstadt nahe der Praça do Comércio) zu; und zwar in die Bahn, die ostwärts, auf die Kathedrale zu, in Richtung Alfama und dann weiter bis zur Endstation Largo Martim Moniz fährt – auf dem Straßenbahnschild steht gewöhnlich nur »M. Moniz«. Ruckend und wakkelnd setzt sich der Eléctrico in Bewegung. Die hölzernen Schiebefenster sind geöffnet. Ab geht die Fahrt, gemächlich über den **Largo da Madalena**. Und schon steigt die Straße an.

Durch enge Gassen steil bergauf

Von jetzt an (bis zum Endpunkt der Route, dem Largo da Graça) müht sich Eléctrico ständig den Hang hinauf. Der Fahrer kurbelt und kurbelt, ächzend klimmt die Linie 28 bergauf. Linker Hand fahren wir am **Museu Antoniano** vorbei, rechts liegt die große Kathedrale **Sé Patriarchal**. Wieder kurbelt der Fahrer. Nach einer Kurve liegt nun ein besonders steiler Streckenabschnitt vor uns. Ratternd und schnaufend müht sich der Eléctrico die steile **Rua Augusto Rosa** empor. Passanten stehen auf dem Bürgersteig und fotografieren den Eléctrico. Einige Schulkinder springen auf die beiden hinteren Trittbretter auf und lassen sich von der Linie 28 den Hang hinaufziehen. Kurzer Stopp an einer Haltestelle. Der Fahrer dreht die Bremse. Einige Fahrgäste steigen zu. Klingeling – weiter geht die Fahrt den Hang hinauf.

Schließlich taucht rechter Hand der **Miradouro de Santa Luzia** auf. Noch eine Kurve am Hang: Der Eléctrico wackelt und scheppert in den Schienen, müht sich noch ein Wegstück empor, dann ist der **Largo das Portas do Sol** erreicht. Hier steigen Sie aus. Die Linie 28 zockelt weiter den Hang hinauf.

Über den Dächern der Alfama

Nun sind Sie bereits im Stadtviertel Alfama. Gegenüber liegen die Kirche **Santa Luzia** und das **Museu de Artes Decorativas**. Wir gehen ein kleines Wegstück zum **Miradouro de Santa Luzia** zurück. Dies ist einer der schönsten Aussichtspunkte der Stadt. Von hier hat man einen herrlichen Ausblick auf die Dächer des Alfama-Viertels und den Tejo. Der Miradouro ist als kleiner Park mit

Bänken und Blumenrabatten auf den Resten der alten Stadtmauer angelegt. Ein guter Platz, um eine Rast einzulegen und die Aussicht zu genießen.

Direkt hinter der Kirche **Santa Luzia** führt eine Treppe hinab ins eigentliche Zentrum der Alfama. Verlockend, hier abzusteigen und durch die engen und verwinkelten Gassen der Alfama abwärts zu bummeln. Doch die Fahrt mit dem Eléctrico 28 soll ja noch weiter den Hang hinauf gehen. Am **Largo das Portas do Sol**, direkt neben dem **Museu de Artes Decorativas**, genehmigen Sie sich auf der Terrasse des Cafés **Cerca Moura** ein kühles Getränk und warten auf die nächste Linie 28, oder auch auf die übernächste – wie Sie wollen.

Zum »Gipfel«

An dieser Station sind meist alle 24 Sitzplätze bereits besetzt, so daß Sie sich mit einem Stehplatz begnügen müssen. Weiter geht es bergan, eine Kurve, dann noch eine Kurve; die Gassen werden zusehends enger. Hinter der Haltestelle **São Tomé** biegt die Bahn nun in die **Rua das Escolas Gerais** ein. Dies ist die engste Passage der gesamten Strecke. Die Linie wird eingleisig. Wenn der Weichensteller die Ampel auf Grün schaltet, darf die Bahn die einspurige Schienenführung passieren. Der Abstand zwischen dem Eléctrico und dem Bordstein beträgt jetzt nur noch etwa einen Meter. Wieder steigt die Strecke an. Man fährt dicht an Tante-Emma-Läden und Bars vorbei. Meter um Meter klimmt der Eléctrico empor und erreicht endlich die Haltestelle vor der **Igreja de São Vicente de Fora** (→ Sehenswertes). Die Bremse wird festgestellt. Einige Fahrgäste drängen sich zum Ausgang und verlassen den Eléctrico. Dienstags und samstags findet hier, hinter der Igreja de São Vicente, der Flohmarkt **Feira da Ladra** (→ Einkaufen, Märkte) statt. Schon löst der Fahrer wieder die Bremse. Weiter geht die Fahrt den steilen Hang hinauf, nun wieder zweispurig: aufwärts bis zum **Largo da Graça**, dem zentralen Platz im Stadtviertel Graça. Hier steigen Sie aus. Der Eléctrico fährt weiter, hat nun die größte Höhe im Stadtviertel Graça erreicht und wird von nun an wieder Kurve um Kurve hangabwärts fahren, bis zur Endstation am **Largo Martim Moniz**.

Grandiose Aussicht

War das eine abenteuerliche, vergnügliche Fahrt! Später werden Sie sich von hier auf der gleichen Strecke wieder hangabwärts bis zurück in die Unterstadt mitnehmen lassen. Aber erst sollten Sie dem **Miradouro da Nossa Senhora do Monte** noch einen Besuch abstatten. Dazu biegen Sie etwas weiter hangabwärts in die **Calçada do Monte** ein. Der Weg steigt an. Auf der linken Seite (Hausnummer 39) kommen wir an der **Albergaria Senhora do Monte** vorbei (→ Hotels und andere Unterkünfte, Der Besondere Tip). Dies ist eines der empfehlenswertesten Mittelklassehotels der Stadt – ausgesprochen ruhig gelegen, nicht teuer, vor allem aber: Alle Zimmer bieten einen grandiosen Blick auf die Unterstadt und den Tejo im Hintergrund. Noch einige Schritte weiter und Sie erreichen den **Miradouro da Nossa Senhora do Monte**. Welch ein Ausblick, welch ein zauberhafter Platz zum Verweilen!

Nahebei liegt die kleine Kapelle aus dem 13. Jahrhundert, nach der der Miradouro benannt ist. Kiefern, Zypressen und Olivenbäume säumen den Platz. Lange könnte man hier rasten und den Blick schweifen lassen: dort das Castelo de São Jorge, dort die Unterstadt mit dem Elevador de Santa Justa, dem Rossio, den engen Straßenzügen und dem tosenden Verkehr; in der Ferne die Tejo-Brücke, das jenseitige Tejo-Ufer, die Schiffe auf dem Fluß.

Den Weg von hier zurück zum **Largo da Graça**, dem Mittelpunkt des belebten, volkstümlichen Stadtviertels Graça, kennen Sie ja bereits. Von der hier gelegenen Haltestelle können Sie nun mit der Linie 28 wieder talwärts in die Unterstadt zurückfahren; das wäre die gleiche Route, die Sie zuvor emporgefahren sind. Oder Sie setzen mit dem Eléctrico Nr. 28 die Fahrt in die andere Richtung bis zur Endhaltestelle **Largo Martim Moniz** fort. Auch diese Route hat ihre Reize. Der Eléctrico rattert und scheppert über das Kopfsteinpflaster, biegt nach links und rechts ab. Aber endlich: geschafft, die Endstation.

Dauer: ca. drei Stunden
Karte: Klappe vorne

Einer der schönsten Aussichtspunkte der Stadt, der Miradouro de Santa Luzia

Überlegen Sie es sich, ob Sie Exkursionen mit dem Auto bewältigen wollen. Viele Ziele in der Umgebung lassen sich mühelos mit dem Zug erreichen.

Wollen Sie nach **Cascais** oder **Estoril**, besteigen Sie am besten den Zug, der am Bahnhof Cais do Sodré abfährt. Am Bahnhof Rossio fahren die Züge nach **Queluz** und **Sintra** ab. Wollen Sie mit dem Zug einen Ausflug in südliche Richtung, etwa nach **Setubal** oder gar bis an die **Algarve-Küste**, unternehmen, müssen Sie zunächst mit der Personenfähre (ab Terminal Fluvial nahe der Praça do Comércio) den Tejo überqueren: Ankunft am südlichen Tejo Ufer am Bahnhof Barreiro. Hier fahren alle Züge nach Zielen in Südportugal ab.

Will man mit dem Zug zu nördlich oder nordöstlich von Lissabon gelegenen Zielen gelangen, fährt man am Bahnhof Santa Apolónia (Avenida D. Henrique) ab. Schnelle Verbindungen ermöglichen die Züge nur auf den Hauptstrecken Lissabon-Porto und Lissabon-Algarve. Auf den Nebenstrecken entsprechen Geschwindigkeit und Pünktlichkeit nicht gerade mitteleuropäischen Standards.

Die Strände im Bereich der **Costa do Sol** westlich von Lissabon oder der **Costa de Lisboa** südlich von Lissabon erreicht man am besten mit dem Auto. Dann kann man sich flexibler die Stellen aussuchen, an denen man schwimmen oder sonnenbaden möchte.

Mit Schiff oder Bus

Schiffsrundfahrten auf dem Tejo dauern in der Regel rund zwei Stunden und finden nur zwischen April und Oktober statt. Die Schiffe legen am Terminal Fluvial (nahe der Praça do Comércio) ab; dort erhält man auch einschlägige Informationen über Abfahrtzeiten und Preise. Veranstalter: Trans Tejo, Tel. 87 50 58 und 3 47 92 77.

Das Unternehmen DN-Tours und mehrere andere Unternehmen bieten auch Busexkursionen an. Solche Tagestouren führen etwa nach Mafra, Sintra und Estoril, nach Arrabida und Sesimbra oder gar bis nach Nazaré und Fatima. Es werden auch mehrtägige Rundfahrten durch den Alentejo oder an die Algarve-Küste veranstaltet. Die Busse fahren gewöhnlich am unteren Ende des Parque Eduardo VII ab. Präzise Auskünfte beim Turismo-Büro im Palácio Foz.

DN Tours
Avenida Fontes Pereira de Melo
14–12
Tel. 57 75 23

An schönen Stränden mangelt es in der Umgebung von Lissabon nicht

Am Atlantik

Costa de Lisboa wird der südlich von Lissabon liegende Küstenabschnitt genannt. Er erstreckt sich zwischen der Mündung des Tejo und des Sado. Der nördliche Teil dieser Küste wird auch als **Costa de Caparica** bezeichnet. An den Sandstränden dieses Küstenabschnitts tummeln sich an Sommerwochenenden Tausende von Badegästen aus Lissabon und Umgebung. Die Strände der »Costa« – wie sie in Lissabon heißt – nahe der Ortschaft Caparica sind zwar im Sommer oft heillos übervölkert, weiter südlich findet man aber noch akzeptable Sandstrände ohne den üblichen Rummel.

Der Hausstrand von Lissabon

Die Strände im Bereich von Caparica lassen sich auch mit öffentlichen Verkehrsmitteln erreichen. Dazu fährt man zunächst ab Bahnhof **Cais do Sodré** mit dem Zug bis nach **Belém**, setzt von dort mit der Fähre nach **Trafaria** über und besteigt dort den Bus nach Caparica. Von hier verkehrt auch eine Schmalspurbahn bis zum Strand **Praia do Sol** (Richtung Fonte da Telha).

Wer mit dem Auto kommen will, überquert zunächst die oft von Verkehrsstaus vorübergehend blockierte Ponte 25 de Abril, verläßt die Autobahn an der ersten Abfahrt hinter der Brücke und folgt der Ausschilderung Richtung Caparica.

Wer sich im Sommer einen Tag von der Betriebsamkeit Lissabons erholen und an der Costa de Caparica einen ganzen Tag lang baden und sich entspannen möchte, sollte möglichst einen Werktag wählen. Der Andrang an den Wochenenden verhindert meist jegliche Erholung. Im Bereich Caparica gibt es mehr als genug Restaurants, Unterhaltungs- und Vergnügungsstätten, Imbißbuden und Wassersportmöglichkeiten. Einige empfehlenswerte Fischrestaurants in dieser Gegend sucht man besser im Winter oder Frühjahr auf, solange die Badesaison noch nicht begonnen hat. Sonst sind der Andrang und der schlechte Service unerträglich.

Landspitze im Atlantik

Lohnend ist ganz gewiß ein Ausflug (mit dem Auto) in den südlichen Bereich der Costa de Lisboa in Richtung Mündungsgebiet des **Rio Sado**. Auf der N 378 fährt man bis zur Ortschaft **Santana**, biegt dort nach Südwesten ab und folgt auf der N 379 der Ausschilderung bis zum **Cabo de Espichel**. Dieses von einer rauhen, felsigen Landschaft umgebene Kap bildet die westliche Spitze einer Halbinsel. Nahe dem Leuchtturm liegt die barocke Wallfahrtskirche **Nossa Senhora do Cabo**. Zwei langgestreckte, aus dem 18. Jahrhundert stammende Arkadengebäude dienten wohl ehemals als Unterkünfte für Pilger. Vom Kap blickt man über die steil abfallenden Felsen auf die tosende Brandung; meist weht ein kräftiger Wind. Von hier hat man einen grandiosen Ausblick auf die **Baia de Setúbal**, oft bis zum **Cabo de Sines**.

Vom Fischerort zum Seebad

Auf der N 379 und später wieder auf der N 378 erreicht man die Ortschaft **Sesimbra** (etwa 8 000 Einwohner). Die durchaus reizvolle Lage des Seebades, das vornehmlich von portugiesischen Sommergästen besucht wird, ist in den letzten Jahren durch zahlreiche nicht sehr ansehnliche Neubaukomplexe ramponiert worden. Der einstige Fischerort lebt inzwischen hauptsächlich vom Tourismus. Es gibt aber immer noch einen Fischerhafen, wo man frühmorgens den Fischern bei der Arbeit zusehen kann. Sehenswert in Sesimbra sind die Fortaleza de Santiago, eine Festung aus dem 17. Jahrhundert, sowie oberhalb des Ortes eine Burganlage, die aus maurischer Zeit stammen und im 17. Jahrhundert erneuert und ergänzt worden sein soll. Im Hinterland von Sesimbra und Setúbal liegt die **Serra da Arrábida**, eine bis auf 500 Meter ansteigende Hügelkette, die als Naturpark ausgewiesen ist. Das Gebiet wird vor allem Wanderer und naturkundlich interessierte Besucher ansprechen. Auf den grünen Hängen entdeckt man Erdbeer-, Johannisbrot- und Lorbeerbäume. Die ausgesprochen reizvolle Natur wurde allerdings durch einen Großbrand im Sommer 1991 erheblich beschädigt. Die Auswirkungen sind immer noch zu sehen. Von Sesimbra fährt auch ein Linienbus zurück nach Lissabon.

Dauer: Tagesausflug

Die rauhe Landschaft am Cabo de Espichel

Königlicher Klosterpalast

Die etwa 50 Kilometer nordwestlich von Lissabon gelegene Ortschaft **Mafra** (knapp 10 000 Einwohner) zählt neben Estoril und Sintra zu den beliebtesten Ausflugszielen. Mafra haben auch die meisten Unternehmer im Programm, die von Lissabon aus Busexkursionen in die Umgebung anbieten. Die entsprechenden Busse fahren gewöhnlich am unteren Ende des Parque Eduardo VII ab. Die Abfahrtszeiten und Preise erfährt man beim Turismo-Büro im Palácio Foz. Natürlich können Sie auch mit dem eigenen Auto oder mit einem Leihwagen nach Mafra fahren. Dafür sollten Sie mindestens einen halben, besser einen ganzen Tag einplanen. Mit dem Zug kommt man nur auf recht umständliche und langwierige Weise nach Mafra. Mit dem Auto verlassen Sie das Zentrum Lissabons nordwärts auf der Ausfallstraße oder auf der Autobahn in Richtung Torres Vedras. Bei der Ortschaft Malveidra biegen Sie nach Westen ab. Von hier sind es noch etwa zehn Kilometer bis nach Mafra.

Mafra selbst ist eine stille Kleinstadt, die allerdings über eine große Sehenswürdigkeit verfügt, die alljährlich Abertausende von Besuchern anlockt. Sie alle wollen die ehemals königliche **Klosteranlage** sehen, die in ihrer Art und Größe einmalig in ganz Portugal, ja der gesamten iberischen Halbinsel ist.

Wichtig noch zu wissen: Dienstags und feiertags bleibt die Klosteranlage für Besucher geschlossen.

Die Klosteranlage von Mafra – monströses Meisterwerk

Dank für einen Thronfolger

Der Bau des riesigen Gebäudekomplexes geht auf ein Gelübde zurück, das der absolutistisch regierende König João V (1706–1750) im Jahre 1711 ablegte. Damit verbindet sich die folgende Geschichte: Des Königs Gemahlin Maria Anna von Österreich hatte nach dreijähriger Ehe noch immer keinen Thronfolger geboren. Der König konsultierte einen Mönch und erhielt den Rat, er möge doch versprechen, ein großes Kloster bauen zu lassen, falls ihm der Himmel doch noch einen Thronfolger schenken würde. Der König folgte dem Rat. Und tatsächlich: 1711 gebar Maria Anna zunächst eine Tochter, 1714 dann den späteren König José.

Gemäß seinem Gelübde schickte sich der König an, tatsächlich ein Kloster bauen zu lassen. 1717 wurden die Arbeiten nach Plänen des deutschen Architekten Johann Friedrich Ludwig begonnen. Kosten spielten keine Rolle. Das Projekt, das rund dreizehn Jahre lang etwa 50 000 Menschen beschäftigte, nahm kolossale Ausmaße an. Der Bau sollte gar den Escorial, den großen Prunkbau des spanischen Königs Felipe II, in den Schatten stellen. So zumindest lautete der Anspruch. Edelhölzer aus Brasilien wurden herbeigeschafft, aus Italien bekannte Bildhauer verpflichtet. Die Glocken der Klosterkirche kamen aus Antwerpen. 1730 wurde der prunkvolle Palast offiziell eingeweiht. Aber noch bis zum Jahre 1750 erfuhr der Gebäudekomplex mancherlei bauliche Ergänzungen. Der Eindruck von Größenwahn, der heutige Besucher zwangsläufig befällt, muß auch schon damals übermächtig gewesen sein, denn König João und seine Gemahlin hielten sich nur selten in den königlichen Wohngemächern des Klosters auf. Auch spätere Könige residierten hier nur selten.

Kloster der Superlative

Die Gesamtanlage verfügt angeblich über 900 Räumlichkeiten und 4 500 Fenster und Türen. Als besonderes Prunkstück gilt die **Klosterkirche** mit ihrer 70 Meter hohen Zentralkuppel sowie den 62 Meter hohen Glockentürmen. Die schwerste der 114 Glocken soll zehn Tonnen wiegen.

Während des Rundgangs durch die Palastanlage kann man die Klosterapotheke, die ehemaligen Schlaf-, Wohn- und Arbeitsräume der diversen Könige sowie die Zellen der Mönche und schließlich im Ostflügel die imposante Bibliothek besichtigen. Sie rühmt sich, wertvolle historische Handschriften und insgesamt rund 40 000 Bände zu besitzen.

Dauer: Tagesausflug

Das portugiesische Versailles

Die rund 15 Kilometer nordwestlich von Lissabon gelegene Ortschaft Queluz (60 000 Einwohner) lohnt einen Besuch vor allem wegen des berühmten **Palácio Nacional de Queluz** mit seinen prunkvollen Gärten. Gelegentlich wird diese vielbesuchte Sehenswürdigkeit als portugiesisches Versailles bezeichnet.

Anreise mit dem Vorortzug

Queluz kann man selbstverständlich mit dem Auto erreichen. Bedeutend vergnüglicher und weniger anstrengend ist jedoch die Fahrt mit dem Zug (einfache Fahrt 110 Esc.). Dazu fährt man am Bahnhof Rossio ab, nimmt den Zug in Richtung Sintra und steigt am Bahnhof **Queluz-Belas** aus. Von hier ist es ein Fußweg von etwa einem Kilometer bis zum Palácio. Mindestens einen halben Tag sollten Sie für den Besuch in Queluz einplanen.

Die Ortschaft **Queluz** selbst hat kaum Sehenswertes zu bieten. In dieser ehemals ländlichen Region ballen sich heute vielstöckige Wohnsilos. Queluz sowie die benachbarten Siedlungen Amadora und Brandoa gelten als »Schlafstädte« für Pendler, die jeden Werktag mit dem Zug nach Lissabon zur Arbeit fahren. Die sozialen und wirtschaftlichen Probleme in diesen Neubauvierteln sind erheblich.

Der Palast und die ihn umgebenden Gärten sind in der Regel täglich (außer an Dienstagen und Feiertagen) von 10 bis 13 und von 14 bis 17 Uhr geöffnet. Manchmal wird dieser im Rokokostil erbaute ehemalige Sommersitz des Königshauses Bragança für Staatsempfänge genutzt. Dann bleibt er für die Öffentlichkeit geschlossen. Vergewissern Sie sich also vor dem Besuch noch einmal im Turismo-Büro im Palácio Foz oder per Anruf im Palast von Queluz selbst (Tel. 4 35 00 30), daß der Palast tatsächlich geöffnet ist.

Die ehemalige königliche Sommerresidenz Queluz

Reinste Rokoko-Pracht – Thronsaal im Palast Queluz

Fürstlicher Prunk

Das »portugiesische Versailles« entstand zwischen 1758 und 1794 und dokumentiert auf anschauliche Weise den aristokratischen Wohlstand und architektonischen Geschmack der zweiten Hälfte des 18. Jahrhunderts. Die Säle des dreiflügeligen Palastes sind mit Mahagoni- und Ebenholzmöbeln, mit Wandschmuck aus Marmor und Kacheln sowie mit Deckengemälden und Stuckornamenten ausgestattet. Den großen Thronsaal zieren Rokoko-Holzschnitzereien, schwere Kristallüster und Deckengemälde mit allegorischen Motiven. Wertvolle historische Möbel aus dem 18. Jahrhundert sind im Schützensaal, im Fackelsaal und in den Privatzimmern zu bewundern. In einem runden Zimmer sind Szenen aus dem Leben des Don Quijote sowie diverse Gemälde mit Szenen aus der Welt der Musik ausgestellt.

Französische Gartenkunst

Die gepflegte Gartenanlage wurde im Rokokostil nach französischen Vorbildern angelegt. Blumenrabatte, Buchsbauhecken, geometrische Beete, große Vasen und Skulpturen stehen als Gestaltungselemente in ausbalancierter Harmonie zueinander. Weitere optische Impulse setzen Springbrunnen, kleine Wasserläufe und Staubecken. In dieser von Gärtnerhand stilisierten Grünlandschaft vergnügten sich einst die jüngeren wie reiferen Mitglieder der Königsfamilie. Neben gelegentlichen Staatsempfängen finden hier im Spätsommer nächtliche Musik- und Tanzveranstaltungen im Stil des 18. Jahrhunderts statt. Nahebei, in der ehemaligen Schloßküche, ist heute das Luxusrestaurant **Cozinha Velha** (evtl. noch wegen Totalrenovierung geschlossen) untergebracht. Man erreicht es vom Schloßvorplatz aus. Genau an der Stelle, wo heute das besagte Spitzenrestaurant untergebracht ist, bereiteten im Mittelalter die königlichen Hofköche die opulenten Speisen für Bankette und ausgiebige Festessen zu. Die Einrichtung der **Cozinha Velha** (Alte Küche) läßt erahnen, wie prunkvoll es dereinst bei Empfängen und Banketten zuging. Mit königlichem Kochgerät – darunter wohl dem ein oder anderen Originalstück – sind die Speiseräume dekoriert. Die Küche selbst wartet mit internationalen Gerichten, aber auch mit portugiesischen Traditionsgerichten auf. Die Preise? Natürlich auch königlich.

Wenn Sie nach dem Besuch im Palast von Queluz noch genügend Zeit haben, können Sie vom Bahnhof aus weiter bis zur Endstation nach **Sintra** fahren und sich den dortigen bedeutenden Sehenswürdigkeiten widmen. Der Zug bringt Sie dann von Sintra aus wieder zurück nach Lissabon. Die Verbindungen zwischen Sintra und Lissabon sind ziemlich gut.

Dauer: Halbtagesausflug

Die Sommerfrische der Könige

TOPTEN 10

Wenn Sie nur einen Tag für einen Ausflug in die Umgebung von Lissabon zur Verfügung haben, sollten Sie ihn für einen Ausflug nach **Sintra** nutzen. Der bequemste Weg, dorthin zu gelangen, ist eine Fahrt mit dem Zug. Abfahrt am Bahnhof Rossio. Die Fahrt dauert 50 Minuten und kostet derzeit 170 Esc. (nur Hinfahrt).

In Sintra, 30 Kilometer nordwestlich von Lissabon gelegen, leben 22 000 Menschen. Eines wird Ihnen sogleich auffallen, und zwar angenehm: Die Luft hier ist bedeutend frischer als in Lissabon – wie in einem Luftkurort. Sintra liegt auf einer Höhe von 200 Metern am Rand des vegetationsreichen Gebirges Serra da Sintra und rühmt sich zu Recht eines milden, angenehmen Mikroklimas. Viel südliche Wärme und reichlich Feuchtigkeit haben hier schon seit jeher das Wachstum subtropischer Bäume und Pflanzen gefördert und Erholungssuchende unterschiedlichster Provenienz angezogen. Wenn seinerzeit die portugiesischen Könige in ihren Gemächern in Lissabon zu sehr schwitzten und unter der Hitze litten, zogen sie nach Sintra um. Bis 1580 war der Ort mit seinem so wohltuenden Klima Königsresidenz. Auch danach blieb die Gegend mit ihrer Wald- und Parklandschaft ein beliebtes Naherholungsgebiet für die vornehmeren Kreise Portugals. Villen, Herrenhäuser, romantische Paläste entstanden. Künstler und Lebenskünstler, Prominente und Geldadelige trafen sich zu man-

Der königliche Palast von Sintra ist an seinen markanten Türmen zu erkennen

cherlei Vergnügungen in Sintra. Als Lord Byron zu Beginn des 19. Jahrhunderts Portugal bereiste, schimpfte er auf das laute, betriebsame Lissabon, pries dagegen aber Sintra als das »glorreiche Eden«.

Der Palácio Nacional

Vom Bahnhof in Sintra sollten Sie sich einen Spaziergang bis zum **Palácio Nacional de Sintra** (auch **Paço Real** genannt) der beherrschenden Sehenswürdigkeit, gönnen. Der etwa ein Kilometer lange Weg entlang der Straße ist ausgeschildert. Unterwegs bemerken Sie schon die üppigen Reize der Vegetation: Palmen und Rhododendren, Magnolien, Pinien und viele andere Büsche und Bäume. Schließlich kommt der berühmte Palast ins Blickfeld, schon von weitem deutlich erkennbar an den konischen Türmen der Küchenschornsteine. Geschlossene Führungen für Gruppen bestimmen das Geschehen. Zahllose Busse mit Besuchern verschiedener Nationalität fahren vor.

Der Palast wurde Anfang des 15. Jahrhunderts auf den Fundamenten eines anderen Palastgebäudes aus maurischer Zeit errichtet. In den folgenden Jahrhunderten wurde das Gebäude erweitert und teilweise neu gestaltet. Der Palast galt für lange Zeit als Lieblingsort diverser Könige. Hier wurden auch ausländische Gäste empfangen.

Von außen erlebt man den Palastkomplex als eine Verschachtelung einzelner Gebäude. Eine einheitliche Linie ist nicht zu erkennen. Man entdeckt Stilelemente aus der maurischen, manuelinischen und gotischen Baugeschichte. Auffallend sind die fünf kunstvoll verzierten Zwillingsfenster im rechten Bereich der Palastfront. Sie sollen Beutestücke aus Nordafrika sein, die König João I. um 1400 einbauen ließ. Ursprünglich stammen die Fenster angeblich aus Venedig. Die beiden riesigen, konischen Küchenschornsteine, die den Gebäudekomplex überragen, wurden erst im 18. Jahrhundert hinzugefügt.

Das Palastinnere umfaßt prunkvoll ausgestattete Säle, diverse Innenhöfe, eine große traditionelle Küche und eine Kapelle. Besonders beeindruckend: der Wappensaal mit großen Kachelbildern aus dem 17. Jahrhundert (Jagdszenen) und mit einer hölzernen Kuppel aus dem 16. Jahrhundert, die die Wappen von 72 portugiesischen Adelsfamilien präsentiert. Auch die anderen Säle offenbaren historische Azulejos, edle Möbelstücke, Gobelins und Deckenbemalungen. In der traditionellen Großküche – als Rauchabzug dienen die schon erwähnten, auffallenden Küchenschornsteine – sind Kochstellen, Töpfe, Grillinstrumente und ein alter Räucherkasten zu sehen.

Palácio Nacional de Sintra
Tgl. 10–13 und von 14 – 17 Uhr, Mi und an Feiertagen geschl.; Eintritt 200 Esc.

Ein Hauch von Orient: der Maurische Brunnen in Sintra

Sintra und das Spielzeugmuseum

Nehmen Sie sich nach der Besichtigung des Palastes noch Zeit für die kleine Ortschaft **Sintra**. Sie beginnt direkt gegenüber dem Palast mit zahlreichen Souvenirläden, Restaurants und Cafés.

Im Zentrum des Ortskerns (Praça da Republica) befindet sich das Stadtmuseum und im gleichen Gebäude das Turismo-Büro. Neben diesem Gebäude führt ein Weg abwärts (Rua Gil Vicente). Nach etwa 100 Metern erreicht man auf der linken Seite das Spielzeugmuseum, das **Museu do Brinquedo**. Das kleine Privatmuseum birgt eine originelle, wirlich sehenswerte Sammlung von Spielzeug aus mehreren Jahrhunderten. Puppen in allen Größen und Formen, Schaukelpferde, Miniatur-Eisenbahnen, Puppenstuben, Autos, Schiffe, Tiere und Flugzeuge. Eine ganze Abteilung präsentiert Zinnfiguren aus der Geschichte des Militärs.

Kaum zu glauben, was hier in Miniaturgröße versammelt ist: ganze Bataillone der deutschen Wehrmacht, Hitler und Mussolini im Wagen, andere Nazigrößen als Propagandaredner; diverse Kolonialtruppen, napoleonische Verbände, Soldaten aus dem amerikanischen Unabhängigkeitskrieg, Landser aus dem Ersten und Zweiten Weltkrieg, Mao, Castro und Stalin, gelackte Paradesoldaten.

Museu do Brinquedo
Di–So 10–12.30 und 14–18 Uhr
Eintritt 200 Esc.

Maurenburg und Märchenschloß

Von Sintra aus nehmen Sie am besten ein Taxi, um das nahe gelegene **Castelo dos Mouros** (Maurenburg) und den berühmten **Palácio da Pena** zu besichtigen. Die Maurenburg stammt ursprünglich aus dem 8. Jahrhundert, wurde aber in den folgenden Epochen mehrfach umgebaut. Reizvoll ist vor allem der Ausblick vom Bergipfel, auf dem die Burganlage errichtet ist.

Noch weitaus interessanter ist der Besuch des ebenfalls südlich von Sintra gelegene **Palácio da Pena**. Eine kurvenreiche Straße führt bergan, zunächst durch die Ortschaft São Pedro, dann durch den Parque da Pena bis zum Parkplatz nahe dem Palast. Er liegt, umgeben von dem weitläufigen Park, auf einer Höhe von 500 Metern. Der oft als »portugiesisches Neuschwanstein« titulierte Palast überragt dank seiner exponierten Gipfellage die gesamte Region. Der komplexe Bau, aus den unterschiedlichsten Stilelementen zusammengefügt, geht zurück auf ein Mönchskloster aus dem frühen 16. Jahrhundert, das allerdings 1755 durch das große Erdbeben stark zerstört wurde und danach verfiel. Zwischen 1840 und 1850 ließ dann Portugals König Fernando II auf den Ruinen einen romantischen Palast errichten. Nach den Plänen des deutschen Barons und Ingenieurs Wilhelm von Eschwege entstand fortan ein Märchenschloß, geziert von verspielten und koketten Schmuckelementen. Experten haben hier Bauelemente aus der Gotik, Renaissance, Manuelinik, aus dem Rokoko, fernöstliche und maurische Bauformen ausfindig gemacht. Angeblich haben den Architekten Reisen nach Nordafrika, Südspanien, Burgen aus dem deutschen Rheintal und aus Bayern inspiriert. Der Hauptturm des Palastes ähnelt in seiner Gestaltung dem Torre de Belém in Lissabon.

Die Innenwelt des Bauwerks offenbart uns den Prunk königlicher Gemächer. Als im Oktober 1910 in Lissabon die Republik ausgerufen wurde, flüchtete die Königsfamilie hierher. Später traten von hier Manuel II und seine Gemahlin die Flucht nach Großbritannien an. Bade- und Schlafgemächer, ein Ankleidezimmer, ein Indischer Saal, ein Musikzimmer und Empfangssaal sind zu bestaunen. Im Speisesaal der Konigsfamilie ist der Tisch für zwölf Personen gedeckt – mit Tellern, Besteck, Gläsern und Möbeln aus den Zeiten der Monarchie. Ein schöner, restaurierter Kreuzgang, eine Klosterkapelle und zahlreiche beeindruckende Kachelwände und Buntglasfenster schmücken das Palastensemble.

Großartig und unvergeßlich: der Blick von der Sonnenterrasse des Palastes auf die Tejo-Mündung und die Atlantikküste sowie in der anderen Richtung bis zur Tejo-Brücke und nach Lissabon. Eine grandiosere Aussicht findet sich weit und breit nicht. Nehmen Sie sich Zeit und genießen Sie diesen einzigartigen Panoramablick. Erlebenswert ist im übrigen auch der etwa 200 Hektar große Park mit vielen exotischen Pflanzen und Bäumen. In dem hügeligen Gelände wachsen Kamelien und Azaleen, Araukarien und Palmen, Rhododendren, Eichen, Erdbeerbäume, Ulmen und Kastanien.

Palácio da Pena
Tgl. 10–13 und 14–17 Uhr
Mo geschl.
Eintritt 250 Esc.

Das Ende Europas

Zum Schluß des Tagesausflugs könnten Sie noch eine Exkursion (auch mit dem Bus Nr. 403 ab Cascais zu erreichen) zum westlichsten Punkt des europäischen Festlands unternehmen. Das **Cabo da Roca** liegt etwa 10 Kilometer entfernt. Das Felsenkap stürzt 144 Meter steil zum Meer hin ab. Das hier endende Vorgebirge, das die Römer einst Promontorium Magnum nannten, ist ein aus Granit bestehender Ausläufer der Serra de Sintra. Heftige Winde ziehen hier durch. Nachdenklich steht man an dieser Stelle und schaut auf das wogende Meer hinaus. Europa geht hier zu Ende, westlich von hier: nur noch die Weite des Atlantiks.

Fischer und Maler

Auf dem Rückweg nach Sintra sollten Sie – sofern noch Zeit bleibt – bei der Ortschaft Colares die N 375 nach Norden in Richtung **Azenhas do Mar** verlassen. Azenhas do Mar liegt malerisch auf einer ins Meer ragenden Felsnase und verfügt über einen sehenswerten Ortskern mit schmucken weißen Häusern. Die exponierte Lage über dem Meer zog zu Beginn dieses Jahrhunderts zahlreiche Maler an, die in romantischen Gemälden ihre Bewunderung für dieses Fischerdorf über dem brandenden Atlantik zum Ausdruck brachten. In einer winzigen Bucht bieten sich Bademöglichkeiten. Wenn die Bucht bei Flut überspült wird, müssen Badegäste dennoch nicht auf ihr Vergnügen verzichten: Direkt unterhalb der Ortschaft wurde am Meer wie in einem Freibad ein ovales Terrain mit Meerwasser gefüllt und durch eine Mauer umgrenzt. Hier kann man im Sommer nahezu jederzeit baden.

Dauer: Tagesausflug

Europas jähes Ende – die steilen Felsen des Cabo da Roca

Auskunft

In der Bundesrepublik Deutschland
Portugiesisches Touristikamt
Schäfergasse 17
60313 Frankfurt/Main
Tel. 0 69/23 40 94
Fax 0 69/23 14 33

In Österreich
Portugiesisches Touristikzentrum
Stubenring 16/3
1010 Wien
Tel. 01/5 13 26 70

In der Schweiz
Office National de Tourisme du Portugal
Badenerstr. 15
8004 Zürich
Tel. 01/2 41 00 01 und 2 41 00 05

In Lissabon
Turismo-Büro
– Palácio Foz
Praça dos Restauradores
Tel. 3 46 36 43, 3 46 63 07, 3 46 33 14
Mo–Sa 9–20, So 10–18 Uhr
– am Flughafen, Ankunftshalle
Tel. 8 49 43 23, 8 49 36 89
– im Bahnhof Santa Apolónia
Avenida Infante D. Henrique
Tel. 86 78 48

Diplomatische Vertretungen

Botschaft der Bundesrepublik Deutschland
Campo dos Mártires da Pátria 38
Tel. 8 81 02 10

Botschaft der Republik Österreich
Avenida Infante Santo 43/4
Tel. 3 95 82 21

Schweizer Botschaft
Travessa do Patrocínio 1
Tel. 3 97 31 21

Feiertage

1. Jan. Neujahr
Karfreitag
25. April (Dia de Liberdade), in Erinnerung an die Nelkenrevolution und den Sturz des Faschismus am 25. April 1974
1. Mai Tag der Arbeit
Fronleichnam
10. Juni (Dia de Portugal) Nationalfeiertag
13. Juni (Dia de Santo Antonio) Tag des Heiligen Antonius, des Schutzpatrons von Lissabon
15. Aug. Mariä Himmelfahrt
5. Okt. (Dia da Republica), in Erinnerung an den Sturz der Monarchie am 5. Okt. 1910
1. Nov. Allerheiligen
1. Dez. (Dia da Restauração), in Erinnerung an die Wiederherstellung der portugiesischen Unabhängigkeit von Spanien im Jahre 1640
8. Dez. Unbefleckte Empfängnis
25. Dez. 1. Weihnachtstag

Fotografieren

Filme sollten Sie noch in Deutschland kaufen, in Portugal sind sie wesentlich teurer. Gelegentlich gibt es in den großen Fremdenverkehrsorten Geschäfte, bei denen man Abzüge von Farbnegativen manchmal schon binnen 24 Stunden bekommt. So verführerisch dies sein mag, die Preise für diesen Service sind oft unangemessen hoch, auch die Qualität läßt nicht selten zu wünschen übrig. In den meisten Museen bzw. Kirchen besteht ein Fotografier- bzw. Blitzverbot. Sie können aber eine Sondergenehmigung einholen.

Fundbüro

Zentrales Fundbüro der Polizei
Secçao dos Achados
Rua dos Anjos 56 A
Tel. 3 46 61 41

Fundsachen aus öffentlichen Verkehrsmitteln
Transportgesellschaft Carris
Büro am Elevador de Santa Justa
Tel. 37 08 77 bzw. 3 63 20 44

Geld

Währungseinheit ist der Escudo, unterteilt in 100 Centavos. Banknoten gibt es zu 100, 500, 1 000, 5 000 und 10 000 Esc. Derzeit (Sommer 1995) entsprechen 100 Esc. etwa 1,00 DM. Der Umtausch von DM in Esc. ist in Portugal günstiger. Viele Banken haben schon die von außen zugänglichen Automaten installiert, die mit »MB Multibanco« gekennzeichnet sind. Hier bekommt man Geld mit der Kredit- oder Euroscheckkarte; Limit pro Tag: 30 000 Esc.

Wechselautomaten für Bargeld sind mit »Automatic Exchange Station« gekennzeichnet. Es gibt sie bei der **Caixa Geral de Depositos** (gegenüber dem Bahnhof Rossio), bei der **Loj Automatica** (Rossio 52) oder bei der **Banco Espirito Santo Comerical** an der Ecke Avenida da Liberdade/Rua Barata Salgueiro. Es wird eine Gebühr (meist 500 Esc.) erhoben.

Der Umtausch von Geld in den Hotels ist meist ungünstig. Die Banken berechnen für den Umtausch von Auslandswährung gewöhnlich eine Kommissionsgebühr, die 500 oder gar 1 000 Esc. betragen kann. Es lohnt sich, die unterschiedlichen Gebühren zu vergleichen. Manche Banken berechnen beim Umtausch von weniger als 10 000 Esc. keine Kommission. Erkundigen Sie sich deshalb vorher danach.

Günstig ist ein Postsparbuch; beim Umtausch von Auslandswährung in Esc. zum Tageskurs wird keine Gebühr erhoben. Umtauschlimit: 1 000 DM am Tag.

Wechselkurs-Umrechnungstabelle

Esc.	DM	sFr	ÖS
10	0,10	0,08	0,70
20	0,20	0,16	1,40
50	0,50	0,41	3,50
100	1,00	0,83	7,00
200	2,00	1,66	14,00
500	5,00	4,15	35,00
1 000	10,00	8,30	70,00
2 000	20,00	16,60	140,00
5 000	50,00	41,50	350,00
7 500	75,00	62,25	525,00
10 000	100,00	83,00	700,00

Stand: Sommer 1995

Medizinische Versorgung

Hospital São José
Rua José Antonio Serrano
Tel. 8 86 01 31

Hospital Santa Maria
Avenida Prof. Egas Moniz
Tel. 7 97 51 71

Notdienste
Tel. 52 20 21, 3 01 77 77
(Rotes Kreuz)

Apotheken
Öffnungszeiten Mo–Fr 9–13 und 15–19 Uhr, Sa 9–13 Uhr. Nacht- oder Wochenenddienste sind per Aushang am Eingang jeder Apotheke angeschlagen.

Notruf

Landesweit für Polizei, Feuerwehr oder Rettungsdienste
Tel. 115
Polizei Lissabon, Tel. 3 46 61 41

Post

Postämter erkennt man an einem roten hornblasenden Reiter. Darunter steht Correios. Postlagernde Sendungen **(poste restante)** sind bei der Hauptpost an der Praça do Comércio abzuholen; Personalausweis oder Reisepaß nicht vergessen. Briefe von oder nach Mitteleuropa dauern bis zur Zustellung rund eine Woche, manchmal länger. Briefmarken können Sie bei allen Postämtern oder in Läden mit dem Aushang »CTT Selos« kaufen.
Öffnungszeiten der Postämter:
Mo–Fr 9–12.30 und 14.30–18 Uhr
Öffnungszeiten der Hauptpost an der **Praça do Comércio:**
durchgehend von 8.30–18.30 Uhr
(Tel. 52 25 25)
Post an der **Praça dos Restauradores** (gegenüber dem Turismo-Büro):
Mo–So 8–22 Uhr
Post am **Flughafen:**
Mo–So rund um die Uhr

In Lissabon kann sich der Mann von Welt noch die Schuhe putzen lassen

Reisedokumente

Bürger der Bundesrepublik Deutschland, Österreichs oder der Schweiz benötigen einen gültigen Reisepaß oder Personalausweis für die Einreise.

Reisewetter

Beste Reisezeit für einen Besuch in Lissabon sind Frühjahr und Frühsommer (April–Juni) sowie der Herbst (September, Oktober). Im Juli und August steigt das Thermometer auf rund 30° Celsius. Dann können die Hitze, das Verkehrsgetöse und der touristische Hochbetrieb die Nerven gehörig strapazieren. Zwischen November und März bringt das atlantische Klima oft Regen und Wind, die Temperaturen sind meist aber mild. Besonders Januar und März gelten als regenreich.

Rundfunk

Der portugiesische Rundfunk sendet im Sommer täglich auf UKW und Mittelwelle ein kurzes Nachrichtenprogramm in deutsch, englisch und französisch. Die wechselnden Sendezeiten liegen meist am Vormittag.

Deutschsprachige Nachrichten, Reiserufe, ein Reisejournal und Sportergebnisse sendet die Deutsche Welle auf den Kurzwellenfrequenzen 6 075 kHz im 49-Meter-Band und auf 9 545 kHz im 31-Meter-Band. Kostenlose Programmübersicht bei der

Deutschen Welle
Raderberggürtel 50
50968 Köln

Die genauen Klimadaten von **Lissabon**:

	Durchschnittliche Temperaturen in °C		Sonnenstunden pro Tag	Regentage	Wassertemperatur in °C
	Tag	Nacht			
Januar	13,9	7,8	4,7	15	14
Februar	15,2	8,1	5,9	12	14
März	17,3	10,0	6,0	14	14
April	19,6	11,5	8,3	10	15
Mai	21,4	12,9	9,1	10	16
Juni	24,8	15,4	10,6	5	17
Juli	27,4	17,0	11,4	2	18
August	27,7	17,3	10,7	2	19
September	25,9	16,5	8,4	6	19
Oktober	22,3	14,2	6,7	0	18
November	17,2	11,0	5,2	13	16
Dezember	14,5	8,5	4,6	15	15

Quelle: Deutscher Wetterdienst, Offenbach

Sport

Informationen über Sportmöglichkeiten erhält man beim zentralen Turismo-Büro im Palácio Foz (→ Auskunft) oder an den Hotelrezeptionen. Es gibt in der Stadt mehrere Badeanstalten, Fitneßzentren, Tennisplätze etc. und in der Nähe von Lissabon Golfplätze, Reitmöglichkeiten, Segel- und Surfschulen.

Stadtrundfahrten

Das zentrale Turismo-Büro im Palácio Foz vermittelt diverse Rundfahrten und Stadtbesichtigungen. Größte Privatveranstalter für Stadtrundfahrten und Busausflüge:

RN Tours
Avenida Fontes Pereira de Melo 14–12
Tel. 57 75 23

Citirama
Avenida Praia da Vitória 12 B
Tel. 3 55 85 67

Es gibt auch Stadtrundfahrten mit einer alten (Baujahr 1901), liebevoll restaurierten Straßenbahn **(Eléctrico)**. Abfahrt zu wechselnden Terminen (nur bis Mitte Oktober) an der Praça do Comércio. Auskunft im Turismo-Büro oder beim Carris-Büro am Elevador de Santa Justa. Die diversen Touristikunternehmen bieten auch Schiffsrundfahrten auf dem Rio Tejo (nur im Sommer) sowie Ausflüge durch das nächtliche Lissabon an.

Stromspannung

Generell beträgt die Stromspannung 220 Volt (Wechselstrom) wie in Mitteleuropa. Die Steckdosen sind in der Regel nicht kindersicher.

Telefon

Auslandsgespräche führt man am besten von den Postämtern aus. Das Gespräch muß angemeldet werden, die Vermittlung kann eine Weile dauern, da die Leitungen

Blick über den Parque Eduardo VII zum Tejo

nicht selten überlastet sind. Anrufen kann man auch aus Hotels, einigen Restaurants und Cafés sowie aus den Telefonzellen. Vermehrt gibt es inzwischen auch Telefonzellen mit sogenannten »Credifon«-Anlagen. Hier kann man mit einer Telefonkarte telefonieren, die an den Schaltern der Postämter verkauft wird.

Ein **TLP**-Telefonzentrum mit mehreren Credifon- und Münzapparaten gibt es am Rossio 66 (Eckgebäude am Rossio in Richtung Bahnhof Rossio) (8–23 Uhr, an Feiertagen geschl.). Telefonieren aus Hotels ist meist ungerechtfertigt teuer.

Vorwahlen:
Lissabon → D 00 49
Lissabon → A 00 43
Lissabon → CH 00 41
D, A, CH → Lissabon: 0 03 51/1

Noch ein Hinweis: In Lissabon wird das Telefonnetz derzeit modernisiert und umgestellt. Daher können sich viele Telefonnummern kurzfristig ändern.

Tiere

Haustiere benötigen bei der Einreise ein amtstierärztliches Gesundheitszeugnis. Abstammung und Herkunft des Tieres müssen amtlich bescheinigt werden. Hunde benötigen eine Schutzimpfung gegen Tollwut.

Trinkgeld

In den Rechnungen der Hotels oder Restaurants ist das Trinkgeld gewöhnlich inbegriffen. Trinkgeld (10–15 Prozent) erwarten indessen Taxifahrer, Fremdenführer, Kofferträger, Parkplatzwächter, Friseure oder das Zimmerpersonal. Außergewöhnliche Leistungen und freundliche Bemühungen sollten mit einem Trinkgeld anerkannt werden.

Zeitungen

Deutschsprachige Zeitungen, Zeitschriften und Illustrierte an vielen Kiosken bzw. Zeitungs- und Tabakwarengeschäften am Rossio (z.B. Tabacaria Monaco, Rossio 21), an der Praça da Figueira oder am Flughafen. Die betreffenden Tageszeitungen bekommt man am Erscheinungstag oder ein bis zwei Tage später.

Zeit

Seit Sommer 1992 gibt es in Portugal, ebenso wie in Deutschland, die Mitteleuropäische Zeit (MEZ).

Zoll

Mit der Einführung des EU-Binnenmarkts am 1. Januar 1993 sind die Zollkontrollen an den Binnengrenzen der Europäischen Gemeinschaft entfallen (nicht jedoch etwaige Sicherheitskontrollen). Mengenmäßige Ein- und Ausfuhrbeschränkungen für Tabak, Alkohol etc. gibt es somit innerhalb der EU nicht mehr. Es muß allerdings erkennbar sein, daß die Waren, die Sie mitführen, ausschließlich für den Privatgebrauch bestimmt sind. Sollten die Grenzbehörden den Verdacht haben, daß Sie mit den Waren handeln, werden Sie zur Versteuerung herangezogen.

Für Schweizer sowie für den Duty-free-Einkauf gelten folgende Mengenbeschränkungen: 200 Zigaretten oder 100 Zigarillos oder 50 Zigarren oder 250 Gramm Tabak, 1 l Spirituosen oder 2 l Likör und 2 l Wein, 50 g Parfüm oder 0,25 l Eau de Toilette.

205 v. Chr.
Lissabon gerät unter römische Herrschaft. Bau von Thermen, Amphitheatern und Tempeln.

585
Westgotische Herrschaft, abgelöst von der Herrschaft der Mauren (ab 714), die für mehrere Jahrzehnte das Geschehen bestimmen. Vorherrschaft maurischer Architektur.

1179
Portugal wird von Papst Alexander III als Königreich anerkannt. Lissabon erhält Stadtrechte. In den folgenden Jahren kommt es zur allmählichen Ausweitung des Stadtgebiets auf die Unterstadt und die westlich gelegenen Hügel.

1256
Lissabon wird anstelle von Coímbra Hauptstadt Portugals.

1290
In Lissabon wird die erste portugiesische Universität gegründet. 1307/08 wird die Universität nach Coímbra verlegt.

1337 – 1347
Mehrere Erdbeben erschüttern die Stadt. Dabei wird auch die Kathedrale Sé Patriarchal schwer beschädigt.

1367–1383
Bau einer Stadtmauer, die weite Teile der Unter- und Oberstadt einschließt. Etwa 60 000 Menschen leben in der Stadt.

1495–1521
Das sogenannte Goldene Zeitalter. Regierungszeit Manuel I, Errichtung zahlreicher Prachtbauten. Ausweitung des Stadtgebiets.

1498
Vasco da Gama findet den Seeweg nach Indien.

1511
Die Königsresidenz wird vom Castelo de São Jorge in den Palast am Terreiro do Paço (heute Praça do Comércio) verlegt. Damit kommt es zu einer Verlagerung des Stadtzentrums vom Burghügel und den angrenzenden Vierteln hinab an das Tejo-Ufer.

1531
Ein Erdbeben fordert viele Todesopfer, Teile der Stadt werden zerstört.

1569
Eine große Pestepidemie fordert rund 60 000 Tote.

1580–1640
Portugal gerät unter spanische Herrschaft.

1755
Einem erneuten gewaltigen Erdbeben fallen bedeutende Bauwerke und Kunstschätze zum Opfer. Ab 1756 Wiederaufbau nach Plänen des Marquês de Pombal.

1779
In Lissabon wird die Königliche Akademie der Wissenschaften gegründet.

1807
Napoleonische Truppen rücken in Portugal ein.

1867
Das Bürgerliche Gesetzbuch tritt in Kraft.

1875
Gründung der Portugiesischen Sozialistischen Partei.

1879
Mit dem Bau der breiten Avenida da Liberdade wird eine rasche Ausweitung der Stadt in nördliche Richtung in Gang gesetzt.

1890
Rund 300 000 Menschen leben in Lissabon.

1901
Eröffnung der elektrischen Straßenbahnlinie zwischen der Praça do Comércio und dem westlichen Stadtteil Belém.

1910
Am 5. Oktober wird die Republik ausgerufen.

1926
Militäraufstand, Auflösung des Parlaments, Aufhebung der Verfassung. Verbot der Kommunistischen Partei.

1932
Antonio de Oliveira Salazar wird Ministerpräsident. Verfestigung des diktatorischen Regimes.

1939 – 1945
Wegen der Neutralität Portugals im Zweiten Weltkrieg gelingt es einer Vielzahl von deutschen Emigranten, über Lissabon nach Übersee zu fliehen.

1959
Der erste Abschnitt der Lissabonner U-Bahn wird eröffnet.

1966
Feierliche Eröffnung der Brücke über den Tejo, die für eine Verkehrsverbindung mit den am jenseitigen Tejo-Ufer gelegenen Stadtteilen sorgt.

1970
Tod Salazars. Marcelo Caetano wird sein Nachfolger.

1974
Die »Nelkenrevolution« am 25. April beendet die faschistische Diktatur. Linksdemokratische Regierung, Agrarreform, Aufhebung der Zensur, Verstaatlichungen.

1976
Verabschiedung einer sozialistischen Verfassung. Bei den Parlamentswahlen siegt die sozialistische PSP, erhält aber keine absolute Mehrheit. Mário Soares wird Ministerpräsident. Der General António Ramalho Eanes wird Staatspräsident.

1986
Portugal wird Vollmitglied der EG.

1987
Cavaco Silva wird erneut zum Ministerpräsidenten gewählt. Reprivatisierung des Großgrundbesitzes, Eliminierung der sozialistischen Grundzüge der Verfassung. Am 25. August zerstört ein Großfeuer mehrere alte Gebäude im Chiado-Viertel.

1991
Mario Soares wird für weitere fünf Jahre zum Staatspräsidenten gewählt.

1992/1993
Der portugiesische Escudo wird mehrfach deutlich abgewertet.

1994
Lissabon ist europäische Kulturhauptstadt.

1995
Lissabon feiert den 800. Geburtstag des Heiligen Antonius (Stadtheiliger) und bereitet sich auf die 1998 in Lissabon stattfindende EXPO-Weltausstellung vor.

Orts- und Sachregister

Hier finden Sie die in diesem Band beschriebenen Sehenswürdigkeiten, Museen, Hotels und Ausflugsziele. Außerdem enthält das Register wichtige Stichworte, landessprachliche Bezeichnungen sowie alle Tips dieses Reiseführers. Wird ein Begriff mehrfach aufgeführt, verweist die **fett** gedruckte Zahl auf die Hauptnennung. Die **Zahlen-Buchstaben-Kombinationen** nach den Seitenangaben verweisen auf die Planquadrate der Karten.

Großartig, faszinierend, voller Abenteuer. Das ist MERIAN live!

Kaum ein anderes Land auf der Welt ist derart vielfältig wie die USA.
Endlose Highways, pulsierende Städte, atemberaubende Natur und dazu Menschen aller Rassen und Kulturen.
MERIAN live! begleitet Sie mit guten Tips, umfassenden Informationen und Klarheit von der Ostküste bis in den Wilden Westen.
Acht Reiseführer stehen zur Wahl: USA Ostküste, Florida, Hawaii, Neuengland, Kalifornien - Der Süden, New York, San Francisco und Umgebung, Texas.

ISBN 3-7742-0315-6 Je 12,80 DM / 95,- öS / 12,80 sFr. 131 lieferbare Titel.

ISBN 3-7742-0240-0

ISBN 3-7742-0222-2

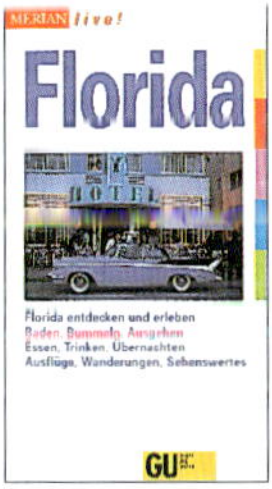

ISBN 3-7742-0220-6

ISBN 3 7742 0226 5

**Mehr draus machen.
Mit GU.**

GU GRÄFE UND UNZER

An unsere Leserinnen und Leser:

Wir freuen uns, Ihre Meinung zu diesem Reiseführer zu erfahren. Bitte schreiben Sie uns, wenn Sie Berichtigungen und Ergänzungsvorschläge haben oder wenn Ihnen etwas besonders gut gefällt:

Gräfe und Unzer Verlag
Reiseredaktion
Stichwort: MERIAN live!
Postfach 40 07 09
Isabellastraße 32
80707 München

Lektorat: Jochen Schürmann
Bildredaktion: Christof Klocker
Kartenredaktion: Dagmar Piontkowski
Redaktion für die 3. Auflage: Bärbel Kupec

Gestaltung: Ludwig Kaiser
Umschlagfoto:
G. P. Müller/Torre de Belém
Karten: Kartographie Huber
Produktion: Helmut Giersberg
Satz: Hubert Feldschmied
Druck und Bindung: Stürtz AG
ISBN 3-7742-0250-8

Fotos
O. Baumli 115
P. Fischer 48, 55, 75, 106, 107
V. Hiller 31, 42, 73, 82
IFA-Bilderteam/Eich 104
H. Klöcker 88, 90, 109, 120
G. P. Müller 2, 9, 12/13, 78, 96
Silvestris Fotoservice 103
M. Thomas 4, 5, 7, 11, 14, 16, 17, 19, 22, 24, 25, 26, 29, 32, 34, 37, 40/41, 44, 45, 50, 51, 53, 56, 59, 62, 64, 65, 67, 70, 71, 79, 80, 85, 86, 93, 99, 101, 111, 118

Dieses Buch wurde auf chlorfrei gebleichtem Papier gedruckt

3. aktualisierte Auflage 1996